MW01170615

Dedicado con amor y respeto a:

Por:_____

Fecha:

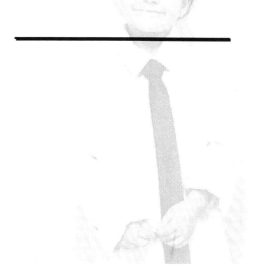

Amor de Padre

Minor G. Villegas H.

Créditos

Primera edición 2020

del texto Minor G Villegas H.

de la sob recubierta Minor G Villegas H.

Proyecto Amor de Padre.

de la presente edición costa rica 2020

Maquetación Minor G. Villegas H.

Número de edición # 1

Número ISBN: 9798669494452

Número deposito legal   IBAN   CR
40080349001000925606

Número Móvil 00 506 7162 27 64

Todos los derechos reservados. Quedan

rigurosamente   prohibidas,   sin   la

autorización escrita del copyright, bajo la sanción establecida por las leyes, la reproducción parcial o total de esta obra por cualquier medio o procedimiento, comprendidos la reprografía y el tratamiento informático y la distribución de ejemplares de ella mediante alquiler o préstamo público.

Todo esto bajo el decreto de la asamblea legislativa del artículo N° 1 Ley N° 6683 sobre derechos de autor y derechos conexos.

Introducción

Proyecto amor de padre nace de la historia real de un joven marcado por la mala partida de la vida, más sin embargo decide avanzar demostrando que los cielos no tienen límites, a través de esta aventura literaria encontraras una herramienta para tener un acercamiento a tus padres, mejorando la relación con tus hijos.

Proyecto amor de padre es un libro escrito por el corazón de un joven lleno de visión y sueños determinando que la única realidad es la que nosotros mismos decidamos.

Como escritor espero esta aventura se introduzca en lo más profundo de tu ser, deseando sea realmente provechoso y edificador.

Advertencia

Advertencia: esto es una aventura que no se puede tomar a la ligera, a menudo vayas avanzando desearas saciarte de todo lo que estas por conocer, debemos tener plena conciencia que aquí no hay una censura y que no vas a leer palabras adornadas para aumentar tu auto estima, más determinadamente es una literatura que te exhortara y te llevara a reflexionar, esta herramienta no está hecha para leerla y dejarlo en el olvido , solo los valientes tomaran la determinación de avanzar con este reto de por vida , mejorando como padres y conociendo la faceta de Dios como nuestro padre.

Somos seres imperfectos que necesitamos ser guiados para

poder lograr avanzar en nuestros entornos diarios, los hijos son la herencia prometida por el cielo para darnos la mejor versión de nosotros mismos, pero está en nuestras manos de como demos la formación de esta responsabilidad tan gigantesca, te prometo que cada escenario de esta aventura marcara tu vida de manera especial.

Comenzamos ....

San José costa rica en el año 1988 nace la historia de un ser que nunca imagino que su lucha más grande sería con la vida.

Nacido en diciembre dentro de una familia disfuncional padres adictos a vicios descontrolados emocionalmente, este niño maltratado desde el vientre de su madre comienza su trayectoria de vida.

Creciendo dentro del maltrato verbal, físico y psicológico comienza a formar raíz de amargura dentro de su corazón, su carácter era incontrolable y con marcas en lo más profundo de su alma criado por sus abuelos los primeros años de su vida a como se podía asistió a la escuela , recalcando lo duro que le tocaba trabajar para poder suplir la necesidad de los materiales escolares, de muy pequeño recibió mucho maltrato físico por su familia padres ausentes y a este niño junto a su hermano los abrigaba la soledad, eran tiempos muy difíciles porque nunca sembraron amor siempre era gritos y ofensas nunca se tuvo un abrazo o un te amo, ese niño

era el mayor de dos hermanos

lo defendía a capa y espada de

lo que fuera y en contra de

quien fuera.

Como todos los hermanos entre

ellos mismos peleaban, pero se

querían bastante.

Ese niño trabajaba en las calles,

era un vendedor casa a casa,

vendía lo que fuera por

sobrevivir honradamente, lleno

de cicatrices y en la calle le toco

muchas noches buscar donde

dormir, donde cenar y donde

poder hacer sus necesidades.

En su corazón lleno de

angustia y marcado por la vida

a su corta edad tenía presente

que, aunque no era fácil algo

bueno tenía que pasar.

Cercano a su edad de doce años

vagando por las calles sin

rumbo ni dirección un día su

abuela al ver la desesperación de este niño por acabar con su vida, ella le invito asistir a cualquier tipo de actividad religiosa, cortadas en sus manos, marcas en su espalda, cicatrices en su cabeza y en su corazón este niño sentía una soledad profunda que no lo dejaba respirar.

Este niño pensó mucho en aquellas palabras de su abuela

y sin conocer lo por venir solo pedía a Dios la oportunidad de conocer algo que le llenara el alma.

Pasados los días este joven sale de nuevo a las calles y cerca de un teléfono público con el alma rota escucha sonar aquel timbre.

Contesta la llamada y era una voz femenina muy dulce y triste preguntando si de casualidad conocía a quien

marcaría su vida días después.

Sabía quién era esa persona

porque algunas veces lo veía

camino a la iglesia del pueblo,

un día se le acercó y le comento

lo que paso, el con una sonrisa

le informo que esa joven era su

novia, desde ahí nació una

amistad como ninguna, aquel

muchacho de nombre JT se

convirtió en el guía de este niño

que necesitaba algo diferente para su vida.

Se dice que las iglesias son el hospital de los pecadores, pero en realidad muchas veces es la cárcel de los más menos preciados.

Este joven por las circunstancias de la vida fue la burla de una congregación, fue el hazme reír de todos ...

Aquellos jóvenes religiosos con algo muy diferente a él siempre tenían que hablar a sus espaldas.

JT se convirtió en el guarda espaldas de este niño, pasado los meses esta amistad se fortaleció tanto como el cariño de un hermano.

JT le enseño que, aunque no se pudiera ver a Dios él está en todas partes, aunque no tengamos a Dios físicamente presente podemos contarle todo lo que hay en nuestra alma y el escuchara nuestra oración como una melodía llena de adoración buscando su presencia.

Una de las palabras que lo marco, fue las palabras de un militante como JT en aquella temporada estas palabras fueron:

Un soldado nunca tiene derecho a darse por vencido aun con sus heridas sigue en la batalla hasta el final.

Desde ese día esas palabras calaron en el corazón JT cada día le enseñaba que había un propósito de vida.

El congregándose en aquella iglesia del pueblo encontró amigos y una forma de hacer su niñez menos dura alejándose de las drogas y el alcohol.

Esa temporada fue muy linda

y difícil a la vez para este niño porque sentía que había encontrado a un padre espiritual que lo guiaba a crecer y ver algo más de su actualidad, tiempos muy duros, noches donde tenía que dormir en un automóvil porque en su hogar no era bien recibido, noches de llanto y mucho dolor, pero fortaleciendo su fe.

Este niño crecía lejos de su

hogar, pero con una fuerza increíble para avanzar en la vida.

No había una explicación para saber por qué pasaba por tanto siendo tan indefenso.

Solo clamaba a Dios por la bendición de poder algún día encontrar esa felicidad que necesitaba para seguir.

No era justo para este niño tener que estar lejos de sus padres y del amor de sus hermanos, no era justo ser marcado tan joven sin la oportunidad de poder defenderse, no era justo sentir aquel vacío tan profundo siendo tan niño.

Antes de esta temporada ya había pasado por la pérdida de un hermano, el hermano menor de tres, una enfermedad se apodero de aquel hermano y por falta de una estabilidad económica las autoridades nacionales dieron al menor en adopción a personas que pudieran respaldar la vida de esta criatura, marcado por el maltrato físico, verbal y moral este joven tuvo que huir de su hogar, los ofrecimientos más tentados siempre fueron las drogas y negocios turbios fiestas y malas amistades, de una u otra manera este niño fue rescatado por la mano de

Dios para ser librado de todo eso

su respuesta siempre fue NO a

estas tentativas .

Este entendía que su madre y

su padre no eran así porque

ellos querían, sabía que detrás

de todo esto había algo más

sobre naturalmente.

Por esto queridos lectores nosotros como padres no podemos permitir que las cadenas de maldición de generaciones atrás quieran condenar a nuestras generaciones futuras , no todos los niños como este, corren con la misma suerte de encontrar a un buen amigo en la calle y fuera del calor del hogar nosotros somos quienes tenemos que ser los mejores amigos de nuestros hijos debemos de tener la responsabilidad de ser nosotros quienes los aconsejen para que no caigan en las trampas del mundo, de la vida y falsas amistades, la mayoría de niños y jóvenes que terminan seducidos por estas tentativas terminan sin vida y desaparecidos .

Dios nos enseña desde su faceta
de padre que como hijos somos
la mejor herencia del cielo.

Salmo 127:3

He aquí, herencia de Jehová son
los hijos, cosa de estima fruto
del vientre.

Con esto Dios nos demanda ser excelentes guías para nuestros hijos, nos enseña a instruirlos.

Tomando en cuenta que somos los sacerdotes de nuestros hogares y tenemos como responsabilidad edificar a nuestra familia.

Con esto implica que debemos de tener un balance y aunque no vivamos bajo el mismo techo de nuestros hijos debemos estar cerca de su evolución diaria.

Tenemos un enemigo muy poderoso que se llama el descuido, este puede que nos arrebate a nuestros hijos y a nuestra familia.

Somos responsables de hacer de nuestros hijos hombres y mujeres de bien.

Este niño no tuvo padres presentes, estuvo solo y desde muy temprana edad le toco defenderse solo , vivió lleno de

miedo   a que la muerte lo

pudiera alcanzar en cualquier

momento, experimento que fue

dormir   en   lugares   como

cafetales, experimento que fue

vivir en una iglesia por dos

largos años , trabajar duro para

poder   sobrevivir,   manos

marcadas,   manos   rotas

cansado, con hambre y frio

pagando una condena injusta

por culpa de la irresponsabilidad de padres que no estaban preparados emocionalmente para recibir la bendición de un hijo.

JT quien era el confidente de este niño siempre vio como quería crecer a pesar de sus dificultades, siempre tuvo una mano amiga para este niño que avanzaba rasgando su corazón, pasado el tiempo va creciendo y fortaleciendo un núcleo de amistad más sólido conociendo personas que serían edificación para su vida, este se convierte en un joven insaciable adorador de buscar la presencia de Dios, y a pesar de su gran desierto sabía que Dios sería su oasis, la vida le jugo muchas malas partidas pero este joven seguía avanzando sin importar cuanto doliera .

Como padres desesperamos

cuando no podemos más, nos

sentimos cansados cuando las

fuerzas se acaban, pero cuanto

más pueden sentir nuestros

hijos cuando les abandonamos,

cuando pasan necesidades por

nuestra culpa por no cumplir

con nuestra responsabilidad no

hablo solo de lo económico hablo

de tiempo, de amor, dedicación y compresión, tener esa bendición de poder sentir el calor de su amor en nuestro pecho y poder llamarnos padres.

No es justo que nuestros hijos le llamen papá a otro hombre cuando ellos no fueron quienes les engendraron pero como se dice padre no es el que engendra si no aquel que cría , llamarse padre es muy fácil solo por

haber practicado un acto sexual

y dejar en embarazo a nuestra

mujer, pero el verdadero hombre

y padre es aquel que no se aleja

de su hijo sin importar la

relación que lleve con su madre

este joven fue criado por sus

abuelos y aunque sus padres

eran irresponsables siempre

tuvo presente quienes fueron

esas personas que lo trajeron a

este mundo, soñó, anhelo un abrazo de su madre, un te amo, un ratito de tiempo y nunca pudo tenerlo, yo pienso que ser padre es tener un corazón como el de Dios porque Dios no abandona a sus hijos, el los esconde en la ternura de su amor, cada vez que le llamamos papá sabemos que estamos llamando a alguien que siempre estará ahi.

JT era el padre espiritual de este joven, muchas veces calmo su sed, su hambre y su soledad, muchas veces tuvo un abrazo, un consejo, tuvo la dedicación de escucharlo y hasta de secar sus lágrimas, juntos eran como Elías y Eliseo inseparables.

Este joven siempre estuvo con la necesidad de un amor sólido y con el sueño de construir una familia , cerca de sus 17 años conoció a una joven muy hermosa, humilde , trabajadora y una mujer muy sencilla , él se enamoró de ella, ella correspondió a ese amor tan sincero, aunque a él siempre le aconsejaron en no tomar decisiones tan apresuradas, no escucho y trabajaba más de 15 horas al día para poder casarse con esta joven, en el día trabajaba en super mercados y por la noche como oficial de seguridad privada, así trabajo hasta lograr ordenar un poco su economía y poder casarse.

Creyendo que todo estaría bien lucho por su nueva etapa y solo deseaba no cometer los errores de sus antepasados, en su vida era la primera vez que sentía que alguien le amaba tal y como era, sintió tanto amor por

aquella joven que cada vez que

pensaba en ella era como volver

a tener ese regalo del cielo en

sus manos, esta pareja fue feliz

por muchos meses hasta que los

padres de esta joven

comenzaron a juzgar y a

criticar a este muchacho que lo

daba todo por su esposa . 05 de

octubre del 2008 esta pareja se

unió con el propósito de ser una

sola carne, una sola unión, una sola voz, lucharon fuerte para poder establecer su matrimonio, él se sentía afortunado porque estaba cumpliendo uno de sus sueños, estaba realizándose como hombre y como persona, lo que no tenía en cuenta era que los padres de su esposa estarían ahí como unos fantasmas en la lucha constante para querer separarlos, ellos no aceptaban esa unión porque ella era la proveedora del hogar y sabían que si ella estaba casada pensaría primero en su matrimonio, con el tiempo los padres de esta joven simulaban aceptar la relación pero en realidad lo que hacían era sembrar cizaña en aquella hermosa mujer.

Ella cansada de ver las pruebas diarias comenzó a dejarse seducir por sus padres, fue tomando distancia y el ambiente de aquel matrimonio fue careciendo cada día, tiempo más adelante ella queda embarazada y este joven lloraba de felicidad, estaba tan emocionado que no podía explicar aquel sentimiento al enterarse que sería padre.

La felicidad era solo de él

porque ella al enterarse entro en

una crisis depresiva ya que no

estimaba un futuro como

madre, más sin embargo

pasaron muchos malos

entendidos entre ellos, ella

golpeaba su estómago con

lágrimas en sus ojos como

despreciando a ese ser que

llevaba en sus entrañas, redactar esto con lágrimas es muy duro porque te desgarra el corazón recordar aquel momento, ella estaba en un momento difícil de su vida porque se encontraba perdida en el sentimiento de ser madre, pasaron tantas cosas que su vientre no resistió y perdió a su hijo, aquel joven con su sueño destrozado de ser padre solo soportaba los reclamos de los

padres de su esposa y aceptaba

lo que pasaba aunque su alma

estaba   completamente

destrozada, fue y tomo de las

manos a su esposa y dijo :

saldremos adelante pase lo que

pase ...

si bien es cierto los hijos crecen

y se van como parte de la vida y

lo demanda la ley bíblica

cuando nos dice:

Génesis 2:24

Por tanto, el hombre dejará a su

padre y su madre y se unirá a

su mujer y serán una sola

carne.

como padres no podemos

interferir en el matrimonio de

nuestros hijos al menos que sea

para dar un consejo que pueda

ayudarles a fortalecer esa

unión que está pactada delante

de Dios, no podemos ni tenemos

derecho a decidir sobre la vida

de nuestros hijos queriendo elegirlos con quien quieren estar en compañía.

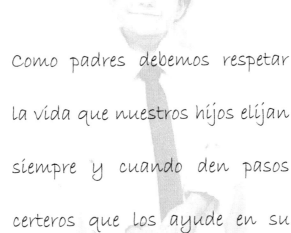

Como padres debemos respetar la vida que nuestros hijos elijan siempre y cuando den pasos certeros que los ayude en su crecimiento, así como hijos no tenemos derecho de elegir la vida de nuestros padres, no tenemos derecho a ser egoístas

sí mamá y papá no

funcionaron

como matrimonio, si mi madre

se enamora de otra persona que

no sea mi padre como hijo no

soy quién para negar su

felicidad, no soy quién para

manipular su vida y mucho

menos para frustrarla solo

porque fracaso en matrimonio

con mi padre, como hijo no

tengo derecho de negarle ni a
mi madre ni a mi padre la
oportunidad de ser feliz con
quien si les respete les apoye y
les ame, este joven después de
haber tenido la pérdida de su
hijo sufrió mucho y pasado los
días ella comenzó a culparle por
haber perdido a su hijo, con el
alma rota una vez más sentía
enojo en contra de Dios porque
había perdido el sueño de tanto

tiempo, una familia ....

Este joven retrocedía de nuevo al principio, pero aun en un desierto más grande, en una soledad más profunda, sus padres nunca estaban presentes, su matrimonio se destruyó por aquellos señores sus suegros y por las dudas que sembraron en su hija para con su esposo, este era culpado por aquella familia de esta crueldad cuando la única prueba era un documento medico donde se especifica que la perdida fue porque el útero de su esposa no soporto, lo peor de todo es que calaron tanto estas palabras en su corazón que lo terminaron auto destruyendo una vez más en ámbitos espirituales este joven joven se sentía atormentado y acabado, su desesperación crecía día con día en medio de la soledad y sus padres no estaban presentes

nunca .

Sus miedos eran más grandes

que sus fuerzas, el deseaba un

consejo, un abrazo o tan solo

una palabra de amor de sus

padres pero ellos no estaban y a

pesar de la edad que este tenía

aún sentía en su corazón

aquella agonía de que nunca

tuvo a su madre ni a su padre

cerca, JT lograba ver los pasos

en falso que daba este joven y el

solo podía orar a Dios para que

abriera de nuevo su corazón

más sin embargo JT no se

quedó solo como espectador, el

pasaba al pendiente y trataba

de realizar actividades para

compartir con este joven pero

aun así su vacío era profundo,

después de un año por más

dolor en su alma este accedió a firmar un divorcio lo cual sabía que estaba firmando el fracaso de toda su vida y por más que quiso luchar por su matrimonio no pudo, no hubo fuerza humana que pudiera detener este proceso que prácticamente acabaría con su vida, este joven trato de comenzar una nueva vida en otra zona lejos de todo lo que había pasado, alejándose de la mayor parte de su vida, de

su mejor amigo y del amor de

su vida, no encontró refugio en

los brazos de sus padres porque

su padre estaba en sus

limitaciones y en su propio

mundo, su hermano se había

apartado a un 100% de él y su

madre prefirió abandonarles

una vez más viviendo en una

zona muy lejana llevándose a

su única hermana menor, este

joven viajo al norte del país

buscando una nueva

oportunidad pero en su equipaje

llevaba su alma y su corazón

roto, un tío a quien le solicito

ayuda le ofreció empezar de cero

en el campo y aprendiendo a

vivir de nuevo, ese tío de nombre

Rafael con todo su amor acepto

a este su sobrino en aquella

casita hermosa de madera, unos

cañales a los lados y al frente

de esta casita .

Con un terreno bastante amplio

en donde cuidaba de su ganado,

tenía sus gallinas y dos perros,

un trapiche en la parte de atrás

de la casa y acá procesaban la

caña para sacar su jugo y salir

a venderlo caminaban calles

largas siempre juntos su tío

usaba un sombrero de baquero

siempre bien vestido, con su

sonrisa radiante y su diente

brillante, sus botas limpias y

su bigote negro, este joven no

sabía nada del campo y para él

era nuevo todo esto.

Ilustración de tío Rafel

Pasado los días se entera que su ex esposa interpone demandas para perjudicar su tranquilidad, ni la distancia era suficiente para evitar lo que sentía este joven, su tío le veía decaído como sin fuerzas y triste muy triste sentía que todo lo había perdido, tanto lo que había luchado por años, su estable economía, su estabilidad matrimonial y todos sus bienes, mientras él estaba lejos sus bienes eran puestos todos a la venta a precios muy bajos como si se tratara de una subasta a quien ofreciera menos y este joven con lágrimas en sus ojos veía como se terminaba su sueño, JT a pesar de tanta distancia seguía en comunicación con este joven que de alguna manera se había convertido en un hermano, este no sabía cómo reaccionar ante las acciones legales ya que no tenía conocimiento y JT quien estudiaba para convertirse en un prestigiado abogado le aconsejo que tenía que hacer, pero esto no fue suficiente porque nada de esto llenaba la profundidad de soledad que sentía aquel joven, sus padres nunca estuvieron y esto a usted estimado lector quiero que le marque de por vida, porque

como padres marcamos la vida

de nuestros hijos, marcamos el

corazón y como padres nuestra

única responsabilidad es poder

instruir a nuestros hijos y

hacerles saber que a pesar de

todo estamos en sus éxitos y

fracasos, este joven tenía ese

vacío tan profundo que el

enemigo se apodero de su

pensamiento y quería acabar

con su vida, solo JT quien era la

persona más cercana a este

joven sabía todo lo que le

pasaba, este cada día perdía el

sentido de la vida y solo

pensaba en como acelerar su

muerte sentía el desprecio de

sus hermanos, el abandono de

sus padres y el maltrato de su

familia materna, este joven al

escuchar las sirenas de las

patrullas (policía) buscaba

como esconderse porque estaba

atemorizado de ir a una cárcel

por algo que el no hizo por las

demandas de su ex esposa, el tío

de este joven comenzaba a

sentirse preocupado y asustado

por las actitudes del sobrino,

este se comunicó con su padre

para saber lo que realmente

pasaba, y la peor noticia que le

informaron era que la policía le

buscaba, sintió tanto miedo que

al lado de la casa de su tío,

había un puente y debajo

pasaba un río donde era el lugar

de pesca, de aquellos dos

compañeros que aprendían uno

del otro, tío y sobrino unidos

luchando en contra de su

soledad.

El lloraba en silencio porque se

preguntaba por qué Dios le

hacía pasar un desierto tan largo, eran días muy difíciles y cada día su presión era más grande, hasta que un día no soporto más y menciono a su tío que ya no aguantaba y la única opción era terminar con su vida, su tío solo lo miraba y le decía a este joven:

papito siempre hay una salida

confía en Dios.

A sí fueron pasando los días y

las malas noticias no dejaban

de   llegar,   completamente

quebrado por dentro trataba de

mantener la cordura en medio

de tanta tribulación, un día

mientras alimentaban a las vaquitas llego de pasada el segundo tío de este joven quien vivía cerca del lugar su nombre era Daniel y entre conversaciones surgió el tema de tener que pagar una condena injusta y este sobrino corto sus manos y juro con sangre que a una cárcel el no entraría, juro que moriría antes de eso.

Abatido por tantas cosas su soledad era más inmensa internamente y de verdad ya sus fuerzas eran las mínimas para seguir, este fue acorralado por las malas noticias y la ignorancia por falta de conocimiento, fue prisionero de mentiras y de una depresión silenciosa, su segundo tío preocupado y asustado se retiró de aquel lugar y ya todo se

salía de control, cada vez que

salía a las calles ayudar a su

tío Rafael a vender jugo de

caña estaba atemorizado, cada

vez que veía a la policía se

escondía con gran

temor, se sentía como si fuera

un asesino o alguien a quien

las autoridades buscaban con

esmero, cada vez que se

comunicaba con su padre para

saber cómo se desarrollaba la

situación en su pueblo natal

habían malas noticias, un día

el padre de este joven le

menciono que hasta su número

telefónico estaba siendo

intervenido, este joven asustado

corrió en dirección al río con un

frasco en mano y con el deseo

de poder lograr hacer algo donde

encontrara tranquilidad, este

frasco era para poder enterrar su

chip telefónico según él, antes de procesar esta locura llamo a su amigo JT quien era la persona en la que confiaba, aunque JT le explico que las cosas no eran a como las decían este joven asustado enterró su chip a orilla del río y con lágrimas en sus ojos camino a casa de su tío ya había tomado la decisión de tentar en contra de su vida.

Ya en su mente buscaba formas

de cómo hacer que su corazón

dejara de palpitar sin que

doliera, ya se sentía acorralado.

Querido lector esta narrativa es

basada en la realidad, por esto

es que como hijo, como padre le

escribo a usted quien está

leyendo una vida llena de

obstáculos para poder encontrar

el verdadero propósito, como

padres debemos estar presentes

pero no ser padres ocasionales,

de esos padres que están solo

para lo necesario, nuestros hijos

no comen solo un día, no visten

solo un día, no vestimenta solo

un día, pero más que eso no

sienten solo un día, ser padres

ausentes marca de manera

muy profunda la vida de

nuestros hijos, este joven no

tenía un abrazo de su madre y aunque tenía la preocupación de su padre no era suficiente porque no había una atención, no era suficiente solo un " todo estará bien " sin un abrazo o un consejo, no era suficiente solo estar a la espera de que todo iba a mejorar estando de brazos cruzados, no era suficiente una llamada al mes, no era suficiente unas pocas palabras con el corazón vacío, no tuvo

más opción y decidido seguir

con su plan, un día revisando

la bodega en donde se

aseguraban todos los venenos y

herramientas este pregunta a su

tío por un veneno que le llamo

mucho la atención porque no

era líquido, eran semillitas

como el tamaño de las semillas

de mostaza , café oscuro y con

un olor muy peculiar, poco

conocido pero esa información
que su tío le brindaría sería la
respuesta a lo que este joven
buscaba para terminar con su
vida, aquel organofosforado
sería lo que quemaría todos los
poros de su cuerpo y le haría
experimentar lo que se sentía
estar desconectado de la vida,
después de ese día comenzó a
idear su plan para saber cómo
sustraer el veneno de esta

bodega ya que estaba asegurada con un candado gigantesco y una llave que no se podía conseguir fácilmente, esta llave siempre andaba pegada al llavero de su tío y él nunca se apartaba de ellas, un día su tío decidió salir de compras sin este joven y aquí el vio la oportunidad de completar su objetivo, sabía que no podía romper aquel candado y no tenía llaves, se encamino a la

bodega la cual quedaba atrás

del trapiche y este joven vio un

árbol muy cercano a esta

bodega, era tan inteligente que

pensó en subir a ese árbol y

desde ahí buscar una forma de

como entrar a esa bodega sin

que su tío se enterara, subiendo

a este árbol vio que el techo de

esta bodega estaba no muy

asegurado y que podía quitar

una lámina para poder entrar

y luego salir de la bodega, ya

este joven tenía aquel veneno

identificado y completo el plan,

ese día logro conseguir aquel

veneno y esconderlo donde su

tío no notara nada, se apresuró

en hacer lo que pensaba pero ese

día no pudo ingerir aquel

quemante que le dejaría en el

abismo de la vida .

Este joven ese día cocino para su tío , por la tarde se fueron de pesca y conversaban en el río, este le menciono a su tío que él deseaba que la muerte le alcanzara, esta tarde su tío veía a este joven indignado consigo mismo y fue como una alerta, de inmediato su tío realiza una llamada a su abuela y le comenta lo que pasa, su abuela se queda muy asustada y preocupada y sin saber que sería la apertura a una lucha espiritual como ninguna, este joven espera un poco para ingerir este veneno esperando todo se solucionara, trata de buscar a su ex esposa para reparar lo ocasionado y dar su última lucha pero ella le rechazaba las llamadas, los mensajes y muchas veces con sus propias palabras deseo su muerte, con el alma muerta en vida busca una última vez a su amigo y hermano de confianza JT para despedirse muy sutilmente, sabía que las oraciones de su amigo no cesaban pero él estaba cegado por aquella depresión, JT en esa última llamada le expresa su cariño y hermandad a este joven y JT sabía que algo andaba mal, esa última llamada en aquel proceso con un número telefónico diferente y tratando de esquivar todo tipo de contacto en donde dieran con su paradero, golpeado por la vida estaba a punto de perder su ultimo round en la pelea que tanto temía perder, después de aquella llamada aquel joven escribió muchas cartas expresando lo que sentía y dando gracias a su hermano del

alma JT por haber estado en

tantos procesos de la vida , ya

se había tomado la decisión de

terminar con su existencia , ese

día el expreso su sentimiento de

agradecimiento a su tío por

tanta hospitalidad, ese día

comieron, cantaron, rieron

mucho y juntos compusieron

una canción que dice:

hoy me vengo a despedir de un
amor que yo tenía, hoy me
vengo a despedir para nunca
más volver, si acaso me muriera
nada más recuerdos quedan de
un amor que yo tenía y nos
amábamos en verdad, hoy les
digo a mis amigos un consejo

yo les doy para que no les pase

un día lo que a mí me paso hoy,

yo le huí a la justicia por

problemas que tenía y por

calumnias levantadas por

aquella señora que como madre

ella tenía, ahora todo termino

ya mi vida ya cambió y solo le

pido a mi Dios nos perdone a los

dos...

Una canción que marco la vida

de aquel muchacho, su tío

Rafael con su guitarra bien afinada improvisaba la melodía y juntos componían la letra dedicado aquella experiencia dolorosa, ese día fue muy especial porque el pensamiento de aquel muchacho era que ese día sería su despedida y su última noche juntos, su tío ese día después de haber caminado bajo la lluvia enfermo de un resfrío muy fuerte, su sobrino preparo una deliciosa limonada y se la dio a su tío para que él se sintiera mejor y se durmiera pronto muy profundamente, y el poder preparar su veneno con otras bebidas para disimular aquel olor y sabor, esperaba el momento de dar inicio a un final que nadie esperaba ese día, pasadas las 8:00 pm de la noche en medio del silencio y con su tío ya profunda mente dormido comienza su guerra espiritual como nunca antes, el pedía a Dios su perdón y clamaba misericordia, sabía que lo que haría iba a marcar a muchas personas y quizá su alma no fuera salva, pero no tenía más opciones ya era una decisión determinada y aquí es en donde como padres nos preguntamos por qué nuestros hijos determinan estas acciones

tan drásticas, como padres
cuestionamos a nuestros hijos
pero no ponemos limitaciones y
esto no viene de ser padres
unidos en un matrimonio ni en
una familia feliz como en
cuentos de hadas, esto viene
desde las perspectivas de
nuestra manera en cómo
imponemos respeto y criamos a
nuestros hijos, porque si
enseñamos a nuestros hijos que

existe una línea de limitación y educamos su consciente y subconsciente por más determinantes que sean ellos saben que esa línea no la pueden pasar y la deben respetar, este joven esa noche mientras luchaba su batalla comenzó escuchando voces en su interior y estas le hacían reclamo de donde estaba todo su éxito, donde estaba su familia, su hijo, su esposa, sus padres y

todo lo que había logrado con el

fruto de su esfuerzo, su

depresión le abrazo tan fuerte

que con lágrimas en sus ojos

este joven se levanta en silencio

ya que desde su habitación

esperaba el momento indicado,

se dirige al lugar donde tenía

aquel veneno que acabaría con

su vida y comienza a ingerirlo

a dosis muy pequeña, como este

veneno era un quemante en

semillas comienza a tomarlas

disueltas con otro tipo de

líquidos dulces para no sentir

ni su olor ni su sabor, mientras

el veneno iba bajando por su

garganta este muchacho sentía

como comenzaba a quemar

dentro de su cuerpo, el peleaba

con su propia vida y todo

pasaba muy rápido, se vinieron

aquellas imágenes de cómo fue

su vida y escuchaba voces donde decían que ya todo estaba perdido, el solo pedía a Dios perdonara su falta y su cuerpo comenzó a sudar sangre y a convulsionar, mientras poco a poco quedaba inconsciente su tío se enteró lo que pasaba y el muy asustado se comunicó con la familia que se encontraba a muchos kilómetros de distancia, cuando este joven quedaba inconsciente lo último que recuerda es haber visto a su tío rezar por él, ya inconsciente y con signos vitales muy débiles se acercan los vecinos y comunican a emergencias para tratar de salvar su vida, mientras su tío daba por enterada la mala noticia a su familia, su abuela una mujer valiente y esforzada cae quebrantada en lágrimas al escuchar lo sucedido, comienza en llanto a elevar clamor a Dios, comenzó una guerra espiritual nunca antes vista dentro de esta familia, ya su tío no daba esperanza y sus palabras eran que estaba dando cuentas al creador, cuando el padre de este muchacho se entera de aquel trágico acontecimiento su corazón se doblega y en lágrimas se siente con su corazón dolido sin poder hacer nada, esta familia no tenía posesión económica para una emergencia como estas, su padre un hombre alto, calvo, de contextura media quien era un albañil solo se podía consolar clamando a Dios una oportunidad para su hijo.

Jeremías 33:3 dice:

Clama a mí, y yo te responderé,

y te enseñare cosas grandes y

ocultas que tu no conoces.

Como dicen las malas noticias

son las que llegan primero y JT

se había enterado de lo que paso,

el siendo músico reconocido por

muchos medios y un abogado

prestigiado creyente en los

milagros que Dios hace, se une

a esta guerra espiritual

mientras este joven debatía

contra la muerte, una

ambulancia estaba a dos horas

de la casa del tío de este

muchacho pero cuando estas

cosas pasan y se arma un

ejército donde todos claman a una sola voz Dios hace milagros, ese día a pesar que la central de emergencia estaba a dos horas una ambulancia estaba en rutina y dentro de ella estaba un médico el cual daría maniobras de resucitación a este muchacho, cuando esta ambulancia llega aquel lugar este joven estaba sin signos de vida y deciden trasladarlo a un hospital para proceder y estudiar lo que había pasado, el tío acompaña a su sobrino que estaba a punto de morir y una vez más se comunica con la familia para asegurar que ya no había nada que hacer cuando llegan al hospital muy débilmente logran detectar que su corazón sigue en palpitación, más de diez médicos a vuelta redonda de su cama comienzan a realizar maniobras de resucitación, este joven dentro de aquel proceso por más de un minuto pierde por completo la palpitación de su corazón, dentro de lo que pasaba y dejando de palpitar el corazón de este joven solo puede sentir como su alma queda a la deriva, todo se oscurece y claro ya no tenía vida, estaba en el abismo de la muerte y muchas

personas   peleando

espiritualmente para que Dios

se mostrara en misericordia,

mientras sus padres se enteran

que habían perdido a su hijo

mayor y su madre por la

distancia y sus condiciones

económicas y falta de amor no

salió del lugar donde estaba

mientras su padre un hombre

humilde un albañil sin dinero

con lo mínimo para vivir con lágrimas en sus ojos se preocupa por como cubriría los gastos del funeral de su hijo, su primogénito, este su padre sin importar condición, distancia con su alma rota logro conseguir un préstamo para correr a los brazos de su hijo, este en su agonía de rodillas y humilde delante de Dios pide una oportunidad para su hijo aun estando por enterado que

este ya daba cuentas al creador,

el alma de este joven vagaba en

su propia agonía y todo pasaba

muy rápido, en un lugar muy

negro pero con una paz

inexplicable el joven escucha

una voz que dice :

he aquí a quien clamas perdón,

he aquí a tu hijo a quien yo

guardo en mi corazón tu tiempo

no es hoy yo soy quien soy te

elegí con amor.

Después de esto en cuestión de

segundos su corazón vuelve a

latir, aquí su tío informa que

su sobrino está en cuidado muy

crítico y su padre desesperado

deseoso que pasara la noche, de

madrugada viaja al norte del

país para estar al lado de su hijo

a quien por muchos años no

tuvo, su abuela y su mejor

amigo seguían peleando la

guerra toda esa noche , su

abuela decía a Dios palabras

poderosas como que no

permitiera que su alma se

perdiera, que la muerte no

pudiera cometer el objetivo de

arrebatar la vida de su nieto,

ella lloraba amargamente de rodillas en la sala de su casa y sus tíos y familiares todos dolidos por lo que pasaba y pedían un milagro para este joven quien aunque tenía su corazón con signos no estaba seguro si viviría, después del gran esfuerzo de los médicos durante toda aquella noche con la ayuda de Dios y las oraciones de muchas personas logran estabilizar y sacar del peligro de muerte a este joven el cual parecía tenía una segunda oportunidad, su padre llega al hospital y este joven se encuentra en sala de cuidados críticos con tubos dentro de su cuerpo, respiradores artificiales y con suero intravenoso para lograr limpiar su cuerpo, después de aquella noche completa muchos en vela esperando la noticia de que pasaría, el padre de este logra entrar a la sala donde se encuentra su hijo y su primer reacción fueron que sus ojos se aguaron y sus rodillas cayeron al piso clamando a gran voz una oportunidad para su primogénito, su padre sale de aquella sala y su tío Rafael entra para despedirse y a si irse a su casa a descansar un poco, cuando este joven comienza con unas convulsiones muy fuertes, sale su tío y los médicos corren a estabilizarlo nuevamente, a este joven lo amarran de aquella cama y su tío muy triste y cansado se va a su casa en su corazón elevando oraciones al cielo, mientras su padre se queda soportando aquel dolor inmenso, soportando hambre y frío durante muchas horas en

aquel hospital.

A muchos kilómetros de su

hogar, pero su amor de padre

podía más que cualquier cosa

humana, aquel padre no le

importaba más que poder ver a

su hijo abrir sus ojos, a los pies

de la cama en donde estaba su

hijo clama a Dios

amargamente, pero con una fe

muy poderosa de rodillas dice a

Dios.

Si salvas a mi hijo yo te

entrego mi corazón

Permite que tenga una

oportunidad para vivir.

Como padres tenemos poder en

la oración como les comento al principio los hijos son la herencia del cielo , este joven en medio de su inconciencia podia sentir el amor que por mucho tiempo deseo sentirlo, el a pesar de que su cuerpo no reaccionaba podia escuchar como su padre clama a Dios y esto lo lleno de fuerza para al menos tratar de batallar una vez más, cuando nuestros hijos tienen nuestro apoyo y nuestro amor se convierten en personas seguras de sí mismas , se convierten en personas capaces de ser confiados en sus propias decisiones porque como padres debemos crear ese tipo de seguridad en ellos, sin mal educarlos sin permitir que nuestros hijos se sobre pasen, porque una cosa es apoyarlos en sus éxitos y fracasos y otra muy diferente permitir que sean mal criados, este hombre humilde se doblego delante de Dios y estas oraciones sobre pasaron el tercer cielo y habitaron en el corazón de Dios, este día espiritualmente se ganaba una batalla porque a través de esta experiencia aquel hijo sentía como el amor de su padre le abrigaba como nunca antes, llegando la noche ya su padre sin fuerzas se acerca a su

hijo y este comienza a tener

movimiento en su mano

izquierda, aquel joven abre sus

ojos, este ve personas vestidas de

blanco y se preguntaba dónde

estaba, con aparatos en su

cuerpo y tres tubos en su boca se

asusta y sin importar que su

padre estuviera ahí el comienza

con su lengua a tratar de sacar

aquellos tubos ya que sus

manos estaban amarradas, los

doctores a cargo aplican un

sedante y su padre sigue

clamando a Dios, para su padre

ver todo esto era algo que no

esperaba vivirlo con uno de sus

hijos, aquí me quiero enfocar en

usted querido lector, usted si es

padre y eres de esos padres

ausentes, no permita que su

hijo muera por su ausencia, no

permita que su hijo tenga una

batalla en donde le toca estar

acompañado de sus padres sin

importar la relación que

tengan, mientras usted anda

en la vida como si nada pasara,

la inseguridad trastornos y

depresiones atacan a su hijo por

la falta de su padre quien es su

super héroe o que al menos así

lo consideran, comprendo que

muchas veces convivir en pareja

es complicado, sé que se pierde el

amor y hasta se falta al respeto

pero esto no le da a usted como

padre el derecho de abandonar a

su hijo aquí es donde se

demuestra que tan mujer o que

tan hombre es usted, querido

lector no creo justo que una vida

inocente pague por sus errores o

sus indiferencias de pareja,

como hijos estamos

acostumbrados a ver, oír y

callar pero la única verdad es

que mientras esto pasa una

raíz amarga dentro del corazón

va creciendo y no es nuestra

culpa como hijos , es su culpa

como padre , si usted no sabe

cumplir con la responsabilidad

de un padre entonces no merece

esta herencia del cielo, en los

hospitales hay jovencitos que

hoy están al borde de la muerte

solamente repitiendo una

historia injusta, viviendo

encadenados a una maldición
que usted como padre debía
cortar y no venga con la excusa
de que en su pasado lo criaron
de tal forma o que nunca tuvo
amor de padres, desde que
somos padres sabemos que
tenemos la oportunidad de ser
herederos de las bendiciones del
cielo y la bendición de ser
honrado por nuestros hijos, de
verlos crecer, de verlos

convertirse en hombres y mujeres de bien y poder decir que tuvimos parte de ese crecimiento, pero que duro seria que nuestros hijos el día de mañana solo puedan decir gracias a uno de los dos, si como padres ambos aportamos para concebirlos, que ambos aportemos a su formación y crianza, pregúntese usted mismo, que sentiría usted si

Dios como padre le abandonara y no le importara nada de usted, este joven debatía su vida porque nunca fue criado por sus padres, sus inseguridades y sus temores eran a causa de un abandono injusto y desde este acontecimiento por primera vez sintió el amor de padre, sintió el orgullo que quiso sentir en su escuela cuando preguntaban por su papá o en colegio, cuando llegaba el día del padre o la madre el solo deseaba celebrarlos junto a sus padres pero estos por muchos años fueron ausentes .

Pasados los días y el padre de este joven viajaba cientos de kilómetros para ver la evolución de su hijo, hasta que un día no esperado su padre se lleva la sorpresa que ya su hijo no tenía respiradores   artificiales,   ni

tubos en su boca y a pesar de su

debilidad vio un semblante

diferente en el rostro de su hijo,

lo que no sabía era lo que los

doctores le dirían ese día.

Su padre un poco más animado

decide guardar recuerdo de

aquella experiencia que sería

inolvidable y fotografía una de

las escenas de lo vivido, este día

los médicos le hacen saber al

padre de este joven que existía la

posibilidad que su hijo quedara

con muerte neurológica, aquel

joven no veía, no hablaba, no

podía   moverse,   su   padre

agobiado solo sigue clamando a

Dios.

Realmente el proceso era

bastante incierto, los médicos

no daban un diagnóstico claro

de como serían las

consecuencias de este joven,

logrando estabilizarlo los

médicos deciden hacer traslado

a la zona central para que

pudiera ser tratado en el hospital correspondiente, pero de camino en la ambulancia (transporte) con el conocimiento del riesgo de este traslado con una distancia de más de tres horas de viaje este recibe dos ataques cardiacos y no se sabía si lograría salir de esa crisis inesperada, mientras se realizaban maniobras de resucitación llegando al hospital recién inaugurado este joven ingresa de inmediato a emergencias, los médicos logran estabilizarlo pero este aun no tenía movimiento en su cuerpo, con lágrimas en sus ojos viendo el sufrimiento de su padre este joven pide a Dios que no le permita tener una vida postrado en una cama, desde su pensamiento y ya consciente de lo que pasaba este joven oraba a

Dios para que todo cambiara a su favor , pasados los días poco a poco comienza a mover sus manos y con una voz muy baja y débil comienza a llamar a su padre .

Todo parecía ir mejorando respecto a la salud del joven, cuando este recupera el movimiento de su cuerpo, de su cintura a sí arriba, los médicos deciden llamar a trabajo social para exponer el caso de como paso todo.

Este joven había ingerido organofosforados, un veneno quemante usado en el campo para raíces de plantas, por ordenamiento jurídico esto es penado por las jerarquías del país como si se tratara de un homicidio propio, habían dos maneras de proceder,

significaba que este joven

tendría que pasar un semestre

en una cárcel o en el hospital

nacional psiquiátrico, después

de dos días de haberse enterado

de cómo se procedía, de

madrugada tipo dos de la

mañana los médicos deciden

intervenir con el traslado de este

joven a aquel tormentoso

hospital de psiquiatría, este aún

estaba débil, su voz no se

escuchaba del todo, su padre cansado se había retirado a su casa a dormir después de tantos días de estar de viaje, este joven no podía caminar, estaba en silla de ruedas y ya su barba estaba larga y su cabello también, sin poder ser escuchado hacen este traslado y llegando sin saber dónde estaba , solo podía ver una sala a la entrada de aquel lugar, entra y

en aquella silla y más adentro
puede ver aquellos pabellones
oscuros y escuchaba gritos de
tormento, este asustado solo
puede encomendarse a Dios,
llega a la recepción y le dirigen
a su camilla , las paredes
llegaban a una altura de metro
y medio de alto, una sala larga,
camillas por todas partes, este
estaba en pabellón dos de
hombres, un pabellón mixto de

personas depresivas y personas con problemas mentales, esa noche este joven fue sedado ya que no podía dormir, en eso de las cinco de la mañana los llamaban a gritos para que corrieran a bañarse, este sin poder moverse mucho al despertar trata con sus propias fuerzas de subir a su silla de ruedas, de un momento a otro se le acerca un grupo de jóvenes y este asustado solo observa sus vestimentas, conocidos todos por sobre nombres, el primero que se presentó, le decían el sacerdote, tenía su bata de hospital pero en su cuello usaba un paño aparentando una sotana, el segundo en presentarse fue el soldado, un señor de una edad de cuarenta años aproximados, este estaba vestido de militar con sus botas negras y media un aproximado

de uno sesenta, el tercero fue el

father de piel morena, calvo,

media aproximadamente uno

cincuenta, completa vestimenta

rapera, después se presentó

cigarro una contextura gruesa,

cabello muy corto, piel blanca y

de una estatura de uno

cincuenta, con vestimenta del

hospital, por último el más

cuerdo de todos y quien ayudo

a este joven a sobrevivir ahi adentro, Juancito este de contextura delgada , alto de uno setenta aproximado, estaba ahi por problemas con el alcohol y una depresión, estos llegaron prácticamente a recibir y ayudar a este joven que no tenía idea de lo que pasaría después de tanto, el sacerdote en ese momento se puso a rezar un padre nuestro y los demás lo acompañaban, este joven asustado solo ve fijamente a Juancito este le ayuda a subir a su silla y se dirigen al baño a cumplir con lo que los asistentes médicos solicitaban, se hacían grandes filas para retirar rasuradoras manuales y desechables, este lleva al joven al baño donde todos estaban desnudos y jugando con el agua, gritaban, se reían , otros serios y otros llorando ,

mientras Juancito traía las

rasuradoras este joven entra en

un estado de pánico y en

silencio salen sus lágrimas, sin

fuerzas y sin poder tener

contacto con su familia, llega

Juancito y lo observa y le dice :

tranquilo esto al principio es duro, después será algo normal, solo depende de usted si logra sobrevivir a este infierno.

Juancito le ayuda a quitar su barba mientras terminan, le

ayuda a bañarse y este se
preguntaba por qué tanta
amabilidad, se atreve a
preguntar y la respuesta fue:

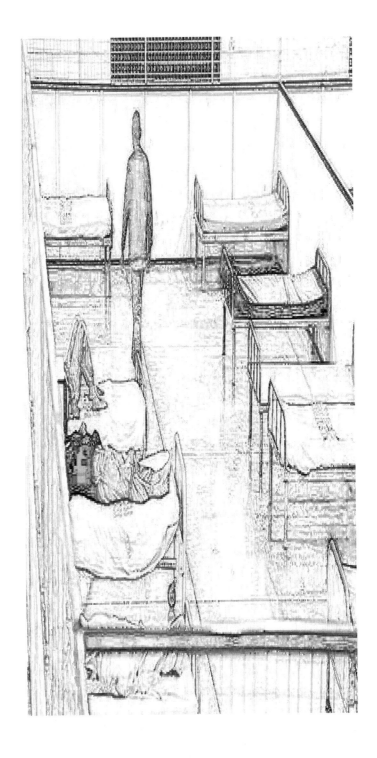

se lo duro que es llegar aquí y

se lo duro que estar en

depresión, sé que usted no está

loco pero la única forma de

sobrevivir aquí es aparentando

estarlo.

Mientras salían del baño este

joven ve como otra persona

destruía las rasuradoras y las

insertaba en una vara de caña

de bambú, salen a la zona verde

a tomar el sol, cuando de

repente se escuchan gritos y

había mucha gente alrededor.

Se tratan de acercar y ven como la persona que destruía aquellas rasuradoras golpeaba con la caña de bambú a otro interno, entran policías a separar aquella escena y este tenía su cara desfigurada, se hacía llamar cara cortada y padecía de trastornos psiquiátricos muy fuertes, estuvo encerrado con camisa de fuerza por varios días y aislado de todos, después de que lo trasladan de nuevo al pabellón llega la noche y este hacía voces extrañas y decía hablar con satanás, este joven quien experimentaba todo aquel tormento cada noche tenía que ser sedado con dosis muy fuertes porque no lograba conciliar el sueño, extrañando la presencia de su padre se preguntaba si ya él estaba por enterado de lo que pasaba, Juancito quien era quien le ayudaba ahí adentro en ese hospital le acompaño en todo el proceso, pasados los días es invitado a las terapias verbales y escuchaba testimonio de muchos, lograba entender que no solo el pasaba por un trago amargo, cuando le preguntaron a él porque motivo llegaba hay exploto su alma y no se contuvo, con su voz débil solo pedía ver a su ex esposa, el médico decía que se pondría en contacto con ella, pero ella nunca respondió, nunca estuvo en el proceso por el que este joven pasaba, cuando logro expresar lo que sentía ese mismo día Juancito lo lleva a cortar su cabello, este joven endureciendo su corazón decide levantarse de las mismas cenizas de donde había salido, pasados los días logro caminar , logro recuperar la movilidad de su cuerpo y logro recuperar su voz al cien por ciento, después de esto busco como lograr liderar dentro de aquel pequeño grupo de conocidos que tenía en aquel lugar, tenía las visitas completamente restringidas, un día recuerda como realizar llamadas por cobrar y llama a

su padre quien fue el que estuvo

presente en todo el proceso de su

recuperación para salir de la

muerte, con lágrimas le pide

que por favor interceda a JT

para que lo saquen de ese lugar,

su padre al principio se niega

pensando que le hacía el bien .

pero estimado lector no podemos

saber que sienten nuestros hijos

cuando somos padres ausentes

y con esto no culpo al padre del

protagonista de esta historia,

muy diferente cuando una

persona tiene problemas de

vicios y es abandonado a una

persona que siempre ha estado

bien en todo sentido, con esto no

excuso las acciones de aquel padre, ya este había pagado con creces sus errores , trato de enmendar lo que había pasado, porque por amor a sus hijos y por una promesa en el funeral de su abuela este padre había prometido dejar los vicios y a si lo cumplió, sabía que su hijo estaba siendo marcado por repetir una historia que él vivió, aquí le hablo a usted padre, madre, no es justo que como hijos tengamos que vivir esa amargura de saber que aunque existen ustedes nunca están, como hijos necesitamos padres presentes, padres que se ocupen al menos de darnos amor, usted es el único (a) de romper con esas maldiciones, si está leyendo esto es porque está diseñado para usted, no espere más, busque a su hijo (a) no

pregunte nada solo abrácele
fuerte porque usted quizá no
conoce el infierno que está
viviendo, la mayoría de jóvenes
que cometen el error de tentar
en contra de su vida es por
querer llamar su atención , por
querer pedir un poquito de su
amor y muchas veces hasta por
manipular la situación, porque
usted como padre nunca ha
estado ahí, si usted está

pasando por algo similar a esta historia quiero decirle que no está solo (a) usted tiene al más grande de su lado y su nombre es Dios .

Este nunca le fallara y dice:

que, aunque padre o madre nos dejen el con todo esto nos refugiara.

Este joven habiendo pasado por prácticamente resucitar de la muerte y habiendo querido salir de su situación evadiendo su soledad aun su tortura no terminaba, estaba siendo condenado y criticado por algo en que aunque sabía que tendría consecuencias, él no tenía culpa, sí a sí es, no tenía culpa porque nunca tuvo una familia unida que le aconsejara, siempre recibió el desprecio de sus hermanos, el abandono de sus padres y aunque sus abuelos lo criaron estos no tenían la delicadeza de un buen consejo excepto abuela materna quien ya había muerto, no era justo para este joven vivir a su corta edad todo esto .

Estimado lector, querido padre,

querido hijo, el amor de padre es

un amor que rompe

paradigmas, un amor tan sin

igual que por esto Dios en su

infinita misericordia nos

permite el don de ser padres,

pero yo le pregunto a usted

¿usted merece ser padre?

Traer un hijo al mundo no es

tarea fácil, primero por la gran

responsabilidad que demanda,

segundo porque hay que saber

cómo instruir a nuestros hijos y

para esto no hay un manual,

tercero porque sea cual sea la

relación de pareja usted tiene

que tener presente que debe de

poner la balanza a partes

iguales, no olvidar que tiene a

uno o varios hijos por los cuales

responsabilizarse y también

saber educar a sus hijos para que estos no manipulen tu felicidad, el protagonista de esta historia sabía que su error lo pagaba caro, pero desde el punto de vista de cada escena este lamentable capítulo ocurre por la falta de padres presentes y la falta de amor propio, pero más que esto por creer estar enamorado de alguien que no sentía lo mismo, a este joven le toco entender que aunque quisiera tener a un padre presente en todo sentido no podía exigir algo que él nunca se había tenido porque su abuelo había abandonado a su padre también y aquí es donde tanto como padre y como hijo aprenden que sin un manual se debe aprender a dar más de lo que se tiene , pasado los días el padre de este joven llega de visita, conversa con su hijo y se niega a sacarlo de aquel infierno creyendo que le daría una lección de vida, pero este joven se había endurecido tanto como el hierro que no temía volver a intentar una locura, mientras conversaban este joven advierte a su padre que si no hace nada para sacarlo de ahí intentaría matarse ahorcándose en uno de los árboles con el uniforme que andaba puesto,

su padre se asusta de las

palabras de su hijo y le informa

al doctor a cargo, este joven

extrañaba la comida de afuera,

este padre llega con su tío

menor y se acuerdan esconder

unos chicharrones para el

deleite de este joven, rompiendo

las reglas tratan de consentir a

este joven pero no era suficiente,

cada día eran más

medicamentos los que a este joven le aplicaban como tratamiento para mantenerlo tranquilo, después de esta visita tuvo la oportunidad de conversar varias veces con su mejor amigo JT y este le decía que todo estaría bien y él tendría una conversación con su padre, para este joven aquellas palabras no eran suficiente porque ya no soportaba ni un día más en ese lugar, Juancito se le acercó y le dijo que tenía una idea para que le prestaran atención y le dieran de alta, este le dijo que si se hacía pasar por una persona con problemas mentales los doctores le prestarían más atención y le enviarían a su casa para ser cuidado por su familia, este joven presta atención aquellas palabras y se las ingenia para comenzar su

actuación de locura, subiendo al

techo de un teléfono público

comienza a simular ser tarzán

el rey de la selva, con sus gritos

brincaba simulando ser un

mono de un lugar a otro y

aquello era una locura, un

capítulo cómico para su vida en

medio de tanto caos,

efectivamente el doctor Araya

presta atención a estas

anomalías y hace llamar a este

muchacho , lo que el doctor no

sabía sería la reacción cuando le

tuviera   de   frente,   este

desesperado llega al consultorio

y solicita su salida de ese lugar

al doctor pero este se niega y le

dice que no, dos asistentes a

espaldas   de este joven solo

observan   como   se   eleva   la

desesperación y este toma un

lapicero, brinca cayendo de

rodillas al escritorio del doctor y

pone el lapicero en su cuello

amenazando que diera la firma

a su salida o no le importaría

matarlo, estando en su mayor

crisis psicológica este es atacado

por los dos asistentes y le ponen

la camisa de fuerza la cual

daría un mayor nivel de

desesperación, lo envían a un

calabozo completamente

cerrado, sin ver la luz del sol

este con su cabeza rompe el acrílico donde era observado por los médicos , esta escena sería clave para que su padre tomara decisiones claras, después de unos días deciden sacarlo de ahí.

Ya su nivel de psicología emocional estaba completamente alterado, después de esto al día siguiente en el desayuno igual que todas las veces con las personas no cuerdas mentalmente se provocaban guerras de comida y esto era realmente asqueroso, ya este joven no soportaba tener que pasar por eso, comidas sin sabor alguno y mal cocinadas, este mismo día su padre le vuelve a visitar y cuando conversan de todo esto su padre promete ayudarle a salir de ahí.

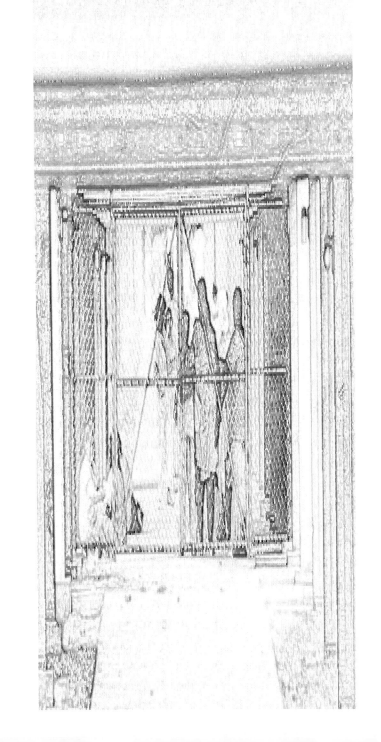

Por la tarde de este día recibe un documento de parte del doctor que tendría su salida a casa, el alegre por esto de inmediato informa a su padre y agradece a Juancito por toda la ayuda que le brindo ahí adentro, al día siguiente llega su padre y este con mucho cariño se despide de todos y se disculpa con aquel medico al que amenazo, retirando sus recetas médicas da por terminada la historia de aquel hospital sabiendo que por un año completo debería de estar medicado para controlar su ansiedad, al salir de ahí a la calle este joven siente un miedo profundo porque era comenzar de nuevo, era volver al lugar donde había pasado por la historia más amarga de su vida, tenía miedo de encontrarse con su ex esposa y esta le despreciara de nuevo, se

había olvidado de las calles que

conocía, tomaba a su padre de la

mano como si fuera un niño

con miedo a perderse, desde este

momento aquella relación de

padre a hijo se fortalecía y

ambos entendían que

necesitaban más tiempo juntos

como familia, llegando a su

casa su abuela le recibe con un

abrazo y con lágrimas en sus

ojos dando gracias a Dios
porque le había permitido salir
de ese proceso tan duro, amigos
en común con su ex esposa le
llegaban a visitar, este estaba
en una habitación oscura,
dormía en el piso y por las
noches tenía que medicarse,
estos amigos nunca daban
razón de su ex esposa y este
con su corazón quebrado sabía
que tenía que olvidar aquella

hermosa mujer que en algún momento le había hecho soñar, pasados tres días llega su primo de visita quien económicamente estaba muy bien y tenía su empresa en la frontera norte del país, este propone ayudar a este joven y se lo lleva de viaje a trabajar con él y empezar de cero, aquel joven solo con sus sandalias, su pantaloneta y su camiseta sube al vehículo y se va aceptando la propuesta de su primo, llegando a casa de su primo comienza una nueva aventura que le haría superar completamente aquel mal episodio, llegando aquella ciudad de gente humilde y trabajadora este emprende la experiencia de trabajar en la constructora de su primo, un empleado más, una persona más que llegaba a trabajar como cualquier otro pero disfrutando y aprendiendo de la nueva oportunidad , al llegar comenzó haciendo nuevos conocidos y amigos, junto con sus compañeros de trabajo se da a conocer como el primo del patrón y entre ellos simpatizo, una noche uno de ellos y más cercano a su primo le invita a salir a tomar algo a un restaurante, este restaurante se llamaba la piscina un lugar

hermoso, buen ambiente, un

servicio al cliente de alta

calidad, habían mesas en medio

de las piscinas y estas todas

con un camino adornado de

velas, buen karaoke y excelente

animación, esta noche aquel

compañero invita a su novia y

a una amiga de su novia para

que este joven le conociera y

empezara hacer de nuevas

amistades, humildemente aquel joven llevaba una vestimenta casual, cabello corto y tenis de color negro, este sin imaginar que esa noche iba a conocer a la mujer que le ayudaría a sobrevivir en aquella nueva ciudad donde trataba dejar su pasado, estando entre risas aquella amiga de nombre Abigail llega en un vehículo color rojo, una sonrisa hermosa, sus ojos color negros , su cabello lacio, con un peinado muy lindo, un lazo en su cuello y un vestido color celeste, este joven queda sorprendido con la belleza de aquella mujer, el caballerosamente se levanta y abre la puerta del vehículo, se presenta a la señorita y estos de inmediato se flechan con una sonrisa, el joven toma su mano y la guía hasta la mesa donde estaban, esta noche el ambiente

en aquel lugar se prestaba a

manera muy romántica,

mientras su compañero con su

novia están entre besos y

abrazos, estos conversaban

muy amena mente, entre

miradas y sonrisas nace una

historia muy bonita y una

amistad inquebrantable, esta

noche aquel joven decide darse

la oportunidad de abrir su

corazón y conocer a esta hermosa mujer, toma valor, pide una canción muy romántica y la dedica a Abigail, esta queda sorprendida de aquel detalle y sus ojos brillaban muy hermosamente, se abrazan e intercambian números de teléfono y prometen volver a encontrarse, esta noche fue una de las mejores noches e inolvidables para aquel joven, al día siguiente llegando a su trabajo le comenta a su primo y este le da la respuesta positiva que era muy bueno conocer personas nuevas, su compañero de trabajo le molestaba todo el día diciendo que esa noche había enamorado a esta hermosa joven Abigail, entre risas este recordaba aquel hermoso vestido que llevaba puesto , su lazo en el cuello, el brillo de su mirada y aquella

sonrisa que se había clavado en

su pensamiento, llegando el fin

de semana inesperadamente

recibe un mensaje de Abigail

preguntando como se encuentra

y en donde estaba, este

sonriendo le responde que

estaba en casa sin mucho por

hacer, Abigail le invita a

conocer su casa y a sus

hermanas y juntos disfrutar de

una película y buena charla, el muy emocionado pide el permiso a su primo y este accede, muy contento se dirige a la casa de Abigail, cuando llega, aquella linda muchacha le recibe con una sonrisa y un abrazo, le invita a entrar y a tomar asiento, al llegar sus hermanas las presenta, físicamente jovencitas muy hermosas y con una humildad muy especial , muy amigables,

entre tantas risas y

disfrutando de una pizza y

una película reían y aquel

joven sentía lo que por mucho

tiempo necesitaba sentir, paz,

tranquilidad, compañía ...

Este mismo día después de la

película Abigail y este joven

quedan solos en aquella casa

hermosa, disfrutando de una

bebida conversaban de sus

pasados para conocerse mejor y se fortalece una amistad muy sólida, constantemente se veían y hablaban, como buenos amigos salían al parque y cada día este joven se hacía más popular entre los amigos de Abigail, este joven aunque sentía soledad por necesitar a sus padres sabía que tenía que avanzar y seguir, mi estimado lector sin importar donde estén nuestros hijos, como padres debemos siempre ser los primeros quienes conozcan sus movimientos, este joven se refugiaba en sus amigos para sobrevivir a la soledad, Dios siempre tuvo cuidado de él y le presentaba personas que llenaran su vida de manera especial para bien, pero a su edad habían marcas muy profundas en su corazón por aquel abandono, cada noche sin saber que pasaría, al día siguiente pedía a Dios le guiara para no cometer los mismos errores, este joven marcado desde el vientre de su madre solo quería encontrar la oportunidad de ser feliz, estando lejos de su ciudad natal siempre extrañaba las comidas de su abuela paterna, las salidas con sus amigos de toda la vida y poder correr a los

brazos de su padre aunque este

no le prestara mucha atención,

desde niño recuerda todas las

cosas que vivió con su padre,

cada día que llegaba ebrio,

cada pelea que su padre tenía

por efectos del vicio, cada vez

que a su corta edad le tocaba

salir por las noches a buscar a

su padre y muchas veces con

aquel cuerpo pequeño y sin

fuerzas ayudar a su padre a

levantarse de las aceras

completamente ebrio y llevarlo a

su casa, este joven solo quería

cambiar aquellas imágenes que

estaban en su pensamiento

como el tormento de cada noche,

desde pequeño buscaba a su

padre, porque nunca tuvo un

abrazo de su madre, nunca

logro tener un buen recuerdo de

su madre, para este joven su

padre era como el mejor de los super héroes, querido lector y a si hoy en día nos siguen viendo nuestros hijos, usted es un super héroe y quizá no se ha dado cuenta, nuestros hijos nos necesitan, nuestros hijos pueden tener miles de amigos y conocidos pero nunca se van a comparar con la amistad y la confianza que nosotros como padres podemos brindar, no sea un padre ausente, hay madres que tienen la fuerza para sacar a sus hijos adelante y son mujeres de admirar, pero no es justo ni para sus hijos ni para ellas, usted como supuesto hombre participo en acto sexual para concebir a su hijo a sí que sea lo suficientemente hombre para cumplir con su responsabilidad paterna, con esto no le estoy diciendo que actúe de mala manera para

responder como tiene que ser,

con esto le estoy hablando sin

tapujos para que entienda que

el amor de padre va más que un

aporte económico, a un hijo se le

dedica tiempo, comprensión, se

le dedica y se transmite

seguridad y se corrige con

amor, no le estoy diciendo que

se olvide de ser hombre o de ser

mujer por sus hijos, le estoy

diciendo que respete el espacio

con ellos y cuando este con ellos

que sea un tiempo de calidad,

usted no tiene que sacrificar su

vida de pareja por sus hijos

porque al final estos crecen, se

casan y se van y usted se

quedara solo (a), este joven en

aquel lugar quería encontrarse

de nuevo pero como hacia

sintiendo aquel vacío en su

corazón, él no estaba

enamorado de Abigail pero esta

joven si le volvía loco por su

forma de ser y su belleza, era

una atracción mágica y el

deseaba enamorarse de ella, una

mujer emprendedora en el

turismo, empresaria y con

grandes sueños por construir,

definitivamente un buen

partido para este joven quien

deseaba llegar a su pueblo de

forma diferente y muy prospero

, él sabía que al lado de esta joven podía lograr mucho y a sí fue, ella le aconsejo a seguir con su preparación académica y juntos como amigos avanzaron muchísimo, este joven le comenta todo lo que estaba viviendo a su mejor amigo y hermano JT, este se alegra de aquellos avances y de ver que las cosas iban cambiando para este su amigo quien luchaba con fuerzas cada día, a si logro

mucho por un largo año de

amistad con Abigail y este

después de este tiempo decide

volver a su pueblo y dar la cara

a un pasado que le jugó una

mala experiencia, el día que

decide irse, le hace primero saber

a esta joven y ella se entristece

y solo desea que vuelva pronto

porque lo extrañaría mucho , él

se despide de su primo y le

agradece tanta ayuda brindada durante ese tiempo, el decide volver a comenzar en su pueblo cerca de su abuela paterna y sus tíos menores con el deseo de saber si había logrado superar aquel sentimiento por su ex esposa, llegando a su pueblo pasados los días encuentra aquella mujer que le había partido el corazón con su adiós, esta caminaba de la mano de

un hombre mucho mayor que
ella y este ese día se dio cuenta
que lo que paso fue lo mejor, este
día dentro de el renació un
amor propio que no conocía,
logro entender que la decisiones
que tomo siendo muy joven
eran decisiones erróneas y
apresuradas, que habían sido
decisiones a causa de aquel
trastorno al ser abandonado por
sus padres pero al final todo lo

que paso valió la pena y casi

sacrificando su vida pudo

entender que al lado de esa

mujer no sería feliz nunca, este

día a pesar de tanto cariño por

su ex esposa se liberó de todo

esto y la dejo volar libre y

siendo el libre también para

volver a comenzar, en

comunicación constante con

Abigail él le comentaba que ya

no sentía lo mismo por su ex

esposa y a sí por dos largos años hasta que este decide declararle a Abigail que desde aquella noche que le conoció le había encantado con su personalidad, que desde que comenzó esa amistad le gustaba mucho y esta declaro que ella sentía lo mismo, este joven hace su mayor esfuerzo para viajar de nuevo a la frontera norte a ver a aquella preciosa mujer y con todo el

deseo de probar sus besos,

cuando llego este día ella le

esperaba en la terminal de auto

buses y sin duda alguna cada

vez que sus miradas se

cruzaban era una química

única, este día el prepara una

sorpresa para ella, llegando a la

terminal y al verla le obsequia

una rosa muy hermosa y muy

lentamente besa sus labios de

forma muy romántica y apasionado, ella se contagia de la magia de estos besos y por la noche salen a pasear por el pueblo con sus amigos, ellos eran jóvenes muy discretos y mantenían aquel romance en secreto, sexualmente aun no pasaba nada pero sus besos eran más que suficiente para saber que podía haber una historia llena de amor y pasión, después

de esta noche este joven llevaba
en su equipaje líquido neón y
en un lugar oscuro a solas con
ella vació este líquido a su
alrededor, simulando estrellas
le dijo que aunque el no fuera el
dueño del universo haría lo que
fuera para tratarla como una
princesa, aquella noche se pactó
con un beso inolvidable y ya
planeaban y pensaban en
formar una relación de pareja, a

este joven después de unos días

le toca volver a su pueblo a

trabajar y esta relación a

distancia se tornaba cada vez

más difícil, ellos comenzaban a

formar un sentimiento muy

sincero, llegado el mes de la

navidad acuerdan volver a

encontrarse y consumir su

cariño en la intimidad,

esperando este día aquel joven

se hospeda en un hotel cercano a

la casa de esta hermosa mujer,
el día que tenían planeado tener
relaciones ella se enferma y se
indispone para poder concretar
este deseo que ambos tenían, el
pacientemente espera y cuida de
ella, celebran juntos aquella
navidad, reciben al año nuevo
con   lágrimas,   sonrisas,
abrazos y en discreción con la
relación que trataban de tener,
este joven vuelve a su pueblo y

poco a poco se va perdiendo la

comunicación, ella merecía más

tiempo de calidad y más

dedicación y el por su trabajo no

podía estar siempre viajando a

esa distancia tan larga,

planeaban vivir juntos y que

ella se mudara al pueblo de este

joven pero esto nunca paso de

una conversación, este joven

entiende que no podía ofrecerle

a Abigaíl lo que ella merecía y

un día decide decirle que por

más cariño que hubiera lo mejor

era seguir conservando esa

hermosa amistad, ella decide

que si tenía razón y ambos

seguían siendo amigos aunque

se deseaban íntimamente, este

joven la visitaba cada seis

meses pero siempre respetando

la palabra amistad y por más

que quisieran nunca estuvieron

juntos íntimamente, pasado el

tiempo las visitas fueron mermando y ella conoció a otra persona, el también conoció a alguien más y el cariño siempre fue intacto pero cada quien decidía seguir por su lado sin olvidarse uno del otro y respetando aquella hermosa amistad que pudo ser la mejor historia de amor vivida .

Besos que nunca se olvidaron, palabras que nunca se borraron, sonrisas que se marcaron de forma muy especial y una amistad sin igual, JT y Abigail fueron los dos mejores amigos que este joven tuvo en su juventud.

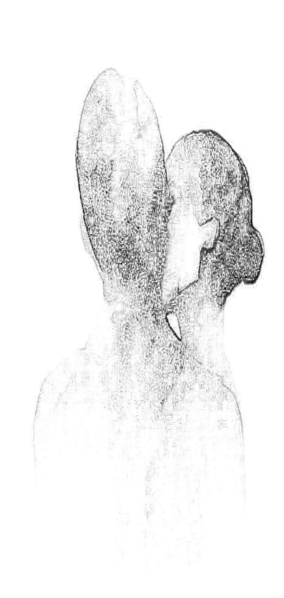

Este joven pasado el tiempo tratando de seguir con su vida y siempre recordando con mucho cariño a Abigail sigue tratando de crecer y más ahora que nuevamente se reencontraba con su mejor amigo JT después de tanto tiempo sin compartir, esta amistad seguía tan sólida como la primera vez que se conocieron y JT seguía siendo aquel líder

y ejemplo a seguir de este joven,
logrando convertirse en un
prestigiado abogado y
grabando su propio proyecto
musical con sellos de alta
demanda y de calidad
reconocida mundialmente, JT le
da la vuelta al mundo con su
música llevando un mensaje de
amor e inspirando a muchos
jóvenes como a su amigo de
querer emprender y lograr

grandes sueños, JT es el escritor

de una carta discreta que dio

un mensaje positivo a muchas

naciones y a muchos jóvenes

que necesitaban recibir algo

diferente, este joven tenía la

dicha de pertenecer a este

proyecto apoyando en lo que

fuera pero con el deseo en su

corazón de ver a su mejor amigo

triunfar y no solo por ser un

excelente musico si no porque

también conocía la historia de

JT y sabía que al igual que él

había luchado mucho por

superar muchas cosas y llegar

donde estaba, JT siempre le dijo

a este joven que nunca se diera

por vencido porque Dios no

tiene favoritos, siempre vio a su

amigo al mismo nivel que el

sin importar lo alto que

estuviera, siempre le impulso a

seguir luchando y mi querido

lector esto es lo que un padre

hace,   JT se había no solo se

había convertido en el padre de

este   joven   hablando

espiritualmente, sí no también

en su hermano y mejor amigo,

en su ejemplo a seguir, cada

emisora , cada emprendimiento

de JT este joven siempre tenía

una participación, siempre JT

buscaba como impulsar a este

joven a soñar, usted quien está

leyendo esto, no sé cuál sea su sueño y no sé si tiene un amigo como el que tenía este protagonista pero de lo que estoy seguro es que con padre o sin padre usted puede lograr todo lo que se proponga, de estos dos jóvenes se burlaban por lo soñadores que son, no creían que un proyecto musical iba a crecer tanto y daría la vuelta al mundo, este joven apoyaba a JT como promotor músical.

En distintas congregaciones se

burlaban de él porque sin

importar día, hora o lugar

siempre presentaba este proyecto

haciéndolo tan suyo como

nunca y a usted que lee esto y

si su amigo está emprendiendo,

no se burle, apóyelo, dele

ánimos y convierta ese proyecto

en algo suyo que un día

tendrás la experiencia de que

alguien realice lo mismo por ti,

este mensaje de amor a llegado

a muchas partes del mundo pero

aun estos jóvenes quieren llegar

más lejos y no dejan de soñar,

pasado el tiempo este joven

conoce a una mujer muy

simpática , muy hermosa y

muy coqueta, ella se había

divorciado era mayor que el por

cinco años, tenía tres hijos pero esto a él no le importaba, ellos se conocieron por una red social a través de las publicaciones del proyecto de su mejor amigo JT, a ella este proyecto le parecía muy interesante y le llamaba mucho la atención, un día por medio de un comentario estos simpatizaron y se contactaron, comenzaron a conocerse y ella escuchaba el programa de radio donde tanto JT como este joven

participaban gracias a la

invitación de su amigo

Ballestero, locutor y

programador de la emisora en

frecuencia am, cada día de

programa estos jóvenes

disfrutaban como nunca , eran

jóvenes apasionados por un

sueño y siempre buscando

llevar un mensaje positivo a

todo aquel capaz de escucharlos,

aquí se había formado una

amistad inquebrantable y un

cariño muy especial todos

siempre respetándose y

ayudándose del uno al otro .

Este joven cada día se interesaba más por aquella mujer que conocía poco a poco, ella sabía cómo enamorar a este joven y juntos formaron una relación especial, ya el proyectaba otro tipo de pensamiento y con el mayor de los deseos de poder formar una familia, aquellos niños aunque no eran sus hijos le llamaban papá y el trataba de darles lo mejor, pasado los meses y habiendo formalizado esta relación se consume aquel cariño tan especial que había entre ellos y esta mujer se convierte en la portadora de la mejor noticia para este joven , la noticia que despertaría el verdadero amor en su corazón y la verdadera fuerza para luchar sin rendirse sin importar el tamaño de la adversidad, esta mujer en su vientre llevaba una

parte del corazón de este joven y

este al enterarse gritaba de

felicidad como loco, corrió a

darle la noticia a su mejor

amigo y hermano JT y le decía

que pronto tendría a su sobrino,

este día definitivamente la vida

de este joven cambio, su padre a

quien también le daba la

noticia estaba muy feliz de un

nuevo ser en la familia y el

heredero de este joven, superando

la muerte de su primer hijo solo

da las gracias a Dios por esta

oportunidad y aquí en su

corazón nace el verdadero amor

y orgullo de padre, un joven que

se esforzaba cada día por dar lo

mejor, soñaba con casarse con

esta mujer que en su vientre

llevaba a su hijo, pensando que

todo estaría bien, pero era un

patrón de vida de nunca acabar,

siempre hacía falta los consejos de un padre , siempre hacía falta los consejos de una madre y hacía falta el ingrediente principal, Dios, cada paso que damos siempre hay que encomendarlo a Dios para que este haga conforme a su perfecta voluntad, este creyendo que porque aquella mujer llevaba en su vientre a su hijo sería feliz, no tomaba en cuenta la siguiente mala partida que le tenía la vida, esta mujer de cuerpo muy hermoso y una forma de ser muy tentadora a pesar de haber tenido tres hijos era muy conservadora y claro muy buscada por su belleza, ella a pesar de que convivía con él no quería a este joven, ya su ilusión había pasado y despreciaba a este muchacho, el creyendo en lo que las personas

le comentaban que era por el

período de embarazo soportaba

todo esto , trabajaba bastante

duro y claro que no podía

olvidar a su amiga Abigail, el

un día lleno de nostalgia le

llama y le comenta que sería

padre y ella queda en silencio y

después solo le desea mucho

éxito en esta nueva etapa de

vida, durante un tiempo estos

se alejaron y llego el mes de julio del año 2015 donde por fin conocería al amor que de su vida, tomaría sus pequeñas manitas y por primera vez le vería a sus ojitos y escucharía su llanto, estos padres a pesar de muchas cosas que se les presento durante el embarazo lucharon por mantenerse unidos y esperar como se ordenaría todo más adelante,

este joven le cantaba a su hijo
estando en el vientre, le contaba
cuentos y siempre después del
trabajo le llegaba hablar, este
mes un día antes de nacer su
hijo le avisan que su pareja está
en proceso de parto y este
emocionado durante esa noche
antes no pudo dormir
imaginando su carita, el color
de sus ojos, la melodía de su
llanto, planeando como sonaría

cuando le llamaran por su nombre, durante toda aquella noche espero a su regalo del cielo y al día siguiente este tenía que irse al trabajo esperando la llamada que su hijo nacería pronto, este joven informa como corresponde y corre en eso de las 7 : 00 am al hospital donde nacería su hermosa y más preciada bendición, en eso de las 8:23 am nace aquella criatura y este queda completamente

enamorado al verlo.

Este día por primera vez conoció

la magnitud del amor de un

padre y entendió que, aunque

sintiera miedo daría lo mejor

por su hijo.

Estimado lector usted que hoy tiene este libro en su mano por un momento imagine el día en el que nació su hijo, si no es padre imagine el día que su hijo nazca, sienta como su corazón explota de un amor completo, un amor que no se puede explicar, de esta misma manera y aún más grande es el amor que Dios siente por cada uno de nosotros y no entiendo cómo es posible que en pleno siglo veintiuno existan supuestos padres que abandonen a sus hijos.

Por favor no más, ya basta, no matemos a nuestros hijos por errores que nos corresponden corregir a nosotros como adultos, a usted no lo hace padre darle un apellido a su hijo ni grandes sumas económicas, más que eso ellos merecen

nuestro tiempo, usted como

hombre o como mujer tiene

derecho a realizarse a ser feliz

pero sin olvidar que antes de

esto debemos ser padres, educar

o instruir a nuestros hijos no es

hacer todo lo que ellos quieran

y cumplir todos sus berrinches,

es poner un orden, un respeto, es

dedicar tiempo, dar amor y en

este proyecto se lo repito muchas

veces porque como hijos no podemos decidir por nuestros padres, cada vez que escribo tengo que pesar mi propia balanza y verme del lado de hijo y actualmente como padre, es una historia real, usted está leyendo esto porque necesita saber que no se trata de sacrificar su felicidad pero sí de sacrificar el tiempo que mal gasta en cosas vanas, de tener una responsabilidad de ser un padre presente y de no ser el que maltrata a sus hijos imponiendo como si fuera un verdugo, se trata de saber vivir, de valorar cada instante, de aprovechar a sus hijos desde que nacen, estos crecen rápido, se vuelven independientes y comienzan a volar y por la ley de la vida como padres no los podemos detener, sacrifíquese pero sin exponer su felicidad ni la de sus hijos, hay que tener un grado de madurez muy grande para entender esto, este joven fue arrebatado del amor de su hijo pero nunca se rindió, le escondieron a su hijo por tres largos años desde sus dos años hasta sus cinco años y este padre aun así luchaba, no se daba por vencido porque sabía que no se trataba de un apellido, no se trataba de grandes sumas de dinero, este joven sabía que su hijo le necesitaba, no se dejó ganar por la depresión y la ansiedad de haber terminado la relación con la madre de su hijo a pesar de las infidelidades, de los malos tratos, de las humillaciones y muchas cosas más que pasaron, este sabía que eran culpables los dos, como padre y que su sueño de poder formar una familia estaba muy largo, al menos con la madre de su hijo, estimado lector la vida está hecha solo para resistirla y solo los valientes son capaces de ganar, este joven vagaba por las calles buscando en los autobuses poder ver a su hijo, compraba información para saber de su hijo, peleaba en silencio su derecho de paternidad aunque no quisiera, hacía esto con el deseo de dedicar tiempo, amor, comprensión, y poder conocer a su hijo que tanto le gustaba y no se dio por vencido hasta lograrlo, su abuela materna siempre tuvo buena comunicación con este joven y en este proceso ella a escondidas de su hija llevaba a su nieto a reunirse con su padre, por eso no hay excusas porque el padre que quiere luchar, lucha por sus

hijos, el padre que quiere ser útil

es útil sin importar lo que

pasara en aquella relación, ser

padres es una de las tareas más

difíciles, comienzas a pensar

más en tus hijos que en ti

mismo y esto va para esos

padres que de verdad merecen

ser llamados padres, esos que si

se sacrificaron aun sin tener

un solo peso en la bolsa, esos

que aun con estudios semi
avanzados fueron capaces de
romper sus manos en una
construcción por dar el sustento
a sus hijos, esos que aun
enfermos no faltaban al trabajo
y si se podía se trabajaba doble
turno para poder cumplir con la
responsabilidad que le
corresponde como padre, a esos
que aun cansados del trabajo
buscaron la forma de convivir y

conocer a sus hijos, de contarles

un cuento, de enseñar

canciones, de bailar con ellos, de

cambiar un pañal, de saber

cuándo sus hijos enfermaban, a

ellos va dedicado este proyecto

Amor de padre, cuando usted

lea esto se dará cuenta que esto

son más que palabras, esto es

algo que lo vivió un joven padre

que lucho para que su hijo

siempre le guardara en su

mente y su corazón, cada escena de este libro tiene una cicatriz, tiene una vivencia y tiene un solo objetivo, ser la voz de las madres que luchan solas por sus hijos, ser la voz de los hijos que son abandonados por sus padres, ser la voz de los padres que son tratados injustamente por sus ex parejas, esto sí es una pandemia que no muere, esto es un apocalipsis

dentro de la misma sangre y
no es justo porque como padres
tenemos y merecemos estar
cerca de nuestros hijos a si no
sea con la persona con la que
disfrutamos procreando a esas
criaturas, a si como también
merecemos ser felices sin
permitir que ellos como hijos
nos quieran obligar a estar con
una persona que nunca logro
darnos nuestro lugar, los hijos

no pueden bloquear nuestra
felicidad, ellos como hijos deben
adaptarse a una forma de vivir
diferente aunque no se tenga a
sus padres unidos y como hijos
no podemos elegir con quien
mamá o papá deben de estar,
este joven desde su corta edad
cicatrizo no solo su corazón,
también su piel porque desde
niño le toco trabajar para
sobrevivir a una vida injusta,

tuvo un buen padrastro, don Claudio conocido como el negro, padre de su hermana quien para él fue un buen amigo, juntos trabajaban vendiendo helados y el caminaba muchos kilómetros con aquella carretilla pesada siendo menor de edad y arriesgándose al peligro, era un niño para haber vivido tanto y con marcas tan profundamente, el no merecía esta vida, pero la acepto , abrazo

el proceso y le hablo diciendo :

No te soltare porque sé que voy

a ganar.

No sé cuál sea su proceso en este

momento, pero usted tiene el

poder de hablarle, no sé cuál sea

su posición en este momento,

pero si está leyendo esto en su

corazón sentirá la necesidad de

hablar a ese proceso de abrazarlo

y al igual que este joven

caminar sin rendirse.

Este joven fue recompensado

con su mejor amigo JT quien le

ayudo a caminar por un largo

trayecto de su vida, un joven

que marco la vida de otro joven

y se convirtió en el modelo de

vida a seguir, siempre, aunque

avanzaba de manera más

acelerada JT le enseñaba que él

también lo lograría, el éxito está

en las personas humildes que

no necesitan acabar a otras

para crecer, JT fue el principal

testigo de lo que este joven vivía

día a día, los amigos si existen

y en pocas ocasiones se

convierten en hermanos como

estos dos muchachos.

Usted como padre debe entender

que necesitamos ser padres presentes, de nada sirve recibir lo mejor económicamente si usted no está ahí, como hijos necesitamos de su amor no de su desprecio, necesitamos de su abrazo y no de un grito o un golpe, imagine si cuando necesitamos de Dios él nos abandonara.

¿qué sentiría usted?

A través de esta literatura le invito a conocer a Dios desde una faceta muy diferente, sin miedos, ni temor a que te juzgara, la mejor forma de conocer a Dios es auto analizándonos ya que somos hechos a su imagen y semejanza, somos seres humanos y claro que nos podemos equivocar, pero siempre debemos de tener presente que como padres somos herederos del cielo y esta herencia se llama hijos y debemos administrar muy bien en cómo los instruimos porque puede que un día tomen rumbos que no nos parezca pero si usted no da el ejemplo no tendrá ninguna autoridad para tratar de corregirlos.

Este joven al ser separado de su hijo, lloro, grito, desespero, entro en depresión con pensamientos nuevos de querer quitarse la vida, pero entendió que si seguía respirando es porque había un propósito que cumplir, este no se rindió ni abandono a su hijo a pesar de las limitaciones, con esto no estoy diciendo que era un padre perfecto, él era un padre enamorado, un padre que aun

rasgando lo más profundo de

su alma no se rindió , cuando

su hijo cumplía 5 años este ya

había logrado tener un

acercamiento más concreto con

su hijo, siempre sembró de todo

su amor, siempre en aquellas

pequeñas visitas que su hacia a

escondidas de su madre este

joven llenaba de momentos

únicos a su hijo, a sí fueran

pocos minutos los que se compartían, este joven lograba madurar que se podía ser padre sin ser enemigo de su madre, en el año 2019 tiene la dicha de laborar para una empresa de alimentos masivos, este se desempeñó como operario de entarimado, con mucho esfuerzo y humildad sin importar el puesto laboral que tuviera buscaba crecer y dejar huella donde quisiera que estuviera, comenzó a fortalecer su entusiasmo en aquella buena empresa que le brindaba la oportunidad de crecimiento, este logro ser parte de la brigada de emergencia en donde ponía su pasión para ayudar a la sociedad y ser un ejemplo a su hijo, logro superar su primer puesto con buenos comentarios de sus jefes y supervisores, eran tres jefes, pero habían dos de ellos que muy jóvenes y que al igual que este habían entendido que la vida se trataba de una oportunidad, Adrián y Johnny dos jóvenes que fueron fundamentales para hacer de este joven cada día aprendiera más dentro de esta gran empresa, también logro en todas las áreas de labor hacer buenos amigos y amistades, este joven

luchaba con todas sus fuerzas
para asegurar el futuro de su
hijo y cada hora de labor
siempre pensó que un día su
hijo disfrutaría de todo su
esfuerzo, comprendía que
aunque el dolor estaba dentro de
su corazón ya este era un dolor
silencioso y sin fuerzas, ya
había logrado dejar entrar el
perdón en su vida y perdonarse
a el mismo por permitirse sufrir

algo que no era su culpa, ya

había perdonado a sus padres

porque entendía que ellos

fueron víctimas de un pasado

lleno de dolor, dentro de esta

empresa este joven emprende

más firmemente ejercer sus

sueños y a no darse por vencido,

Kevin un buen amigo que

encontró en ese lugar era uno de

los que más estaban a su lado

enseñando cada proceso, se dio a

conocer por sobre nombre como "el abogado" esto por haber dado comienzo a sus estudios en esta área tratando de seguir los pasos de su mejor amigo JT, este conoció a grandes personas como a Fabiola, Karla, María, Isabel y entre otras personas que siempre estaban para un consejo, gano tanto el respeto de sus compañeros que estos mismos le propusieron ser el presidente de la asociación solidarista pero este se negó y decidido ser parte de la fiscalización de tal asociación, este joven sabía que había logrado liderar y se sintió orgulloso de lo que lograba, al llegar a esta empresa conoció a Shir una joven muy sexy, con sus ojos color negros, con una mirada muy profunda, ella era aquella persona que cada día alegraba su llegada al trabajo con su simpática sonrisa, este cada vez que ella se acercaba se ponía nervioso y sus compañeros le envidiaban al ver que una mujer tan hermosa tuviera una amistad tan sólida con el nuevo.

Shir y este joven formaron una amistad muy bonita, esta se convirtió en amiga y consejera de este joven marcando su vida para bien aunque muchos creían que había algo más que una amistad, en esta temporada en el mes de noviembre, este joven conoce a Eryenny una mujer que sería la que le haría conocer el verdadero significado del amor, él no tenía en sus planes enamorarse, ni mucho menos el pensamiento de formar una familia, este estaba enfocado en sus proyectos y en el crecimiento que deseaba para poder fortalecer el futuro de su hijo, un día sin esperarlo por cosas extrañas de la vida este joven entabla una pequeña amistad con Eryenny, una mujer 7 años mayor que él, con una hermosa hija de nombre Angelica y un hermoso hijo de nombre Tomson, este quedo enamorado de esta familia que conocía, la madre de esta mujer

una señora muy elegante, muy

humilde y especial y el padre,

un gran hombre, un señor

valiente y un gran ejemplo de

persona, este joven nunca

imagino que formaría una

hermosa historia de amor con

Eryenny, ella con el pasar de

los días le hizo entender a este

joven que no todo sería tan

malo si se dejaba querer, este

poco a poco se fue enamorando

como nunca de esta mujer, por

primera vez sentía que ahora si

conocía el verdadero amor, ella

una mujer humilde cariñosa,

una mujer marcada por la vida

por un hombre que la atormento

y la maltrato, una mujer

completa que en ese momento

sabía que lo que pasaba no sería

una casualidad, una mujer que

sabía ser madre, hija y mujer,

una mujer especial que

conquisto a este joven a pesar de

un corazón a la defensiva, un

hombre que trataba de estar frío

porque no quería otra decepción,

este aunque estaba enamorado

era duro como un hierro y

trataba de no demostrarlo,

Angelica una niña de mirada

tierna, muy inteligente, con

una sonrisa muy especial llego

a la vida de este joven para

enseñarle lo que significaba tener a una hija, este joven soñaba con algún día tener una hija y Angelica llegaba a cumplir este tipo de sueño aunque fuera por muy poco tiempo.

Tomson un niño muy extrovertido, simpático y tierno siempre alegre llenaba el corazón de este joven ya que aunque veía a su hijo no podía compartir con el cómo tenía que ser , esto pasa muy a menudo querido lector pensamos que porque la vida nos limita a una cosa podemos refugiarnos en otras y esto es un delito porque nunca puede estar nadie primero que tu propio hijo, queremos ser buenos padrastros pero como padres la mayoría de veces somos un fracaso y este joven tenía muy claro que aunque se había enamorado de estos dos niños que no eran sus hijos siempre estaría primero su propia sangre, este joven formaliza una relación con Eryenny una mujer que logro tocar su alma después de cuatro largos años solo, después de haber vivido todo lo que vivió en su pasado, este se daba la oportunidad de por primera vez

después de tanto tiempo darle

una oportunidad al amor, esta

pareja se ayudaron uno al otro,

se hacían promesas de amor

porque él estaba enamorado

aunque siempre mantenía su

defensa cuando sentía que lo

querían acorralar, este joven

junto a esta pareja vivió la mejor

experiencia de su vida,

compartió con su familia, trato

de ayudar a los hijos de esta hermosa mujer, les dedicaba lo que su padre nunca hizo, bailaban juntos, jugaban, los cuidaba y trataba de siempre lo más humildemente posible darles lo mejor de sí mismo, amor, comprensión, cariño y más que eso una amistad de confianza, esta mujer al principio era aquella mujer con la que este hombre soñó, él se hacía ilusiones aunque sentía

miedo, abre su corazón y le

expone a ella que más adelante

le gustaría formar un hogar

pero en ese momento ella al

escuchar esto de inmediato lo

hizo pegar con pared y le expreso

que ella no pensaba en esto ,

siendo esto una alerta el siente

tristeza en su corazón y desde

entonces comprende que con

ella no podía esperar el futuro

que soñaba, van pasando los días y este se va cada día enamorando de forma inexplicable de esta mujer aun sabiendo que ella había sido clara con él, este decide a no darse por vencido y sigue como si nunca hubiera escuchado estas palabras aunque ellas se habían clavado en su pecho, este joven la sigue conquistando sin saber los verdaderos sentimientos de ella y el sentía

miedo porque no quería sufrir

nunca más, un día el decide

tratar de menguar su

sentimiento y dejar lo

detallista, las rosas, las

palabras bonitas y de sentir

algo que tenía miedo de sentir,

Pasados los días aunque esta

relación entornaba siempre

mucho respeto y apoyo mutuo

algo se apagaba ya que el por

sus hijos siempre el tiempo que

ella dedicaba a ellos él lo respeto,

nunca tuvieron oportunidad de

poder convivir como relación de

pareja porque aunque este joven

hacia lo mayor posible por ver a

esos niños felices ellos sentían

celos y no se sentían cómodos

con su presencia, al principio

que esto comenzaba a pasar ella

actuaba de forma madura

siempre diciendo que era parte

de un proceso, ella sabía que

este joven sentía incomodidad

por lo que pasaba y habían

discusiones sin importancia

que con una mirada se

arreglaban, todo parecía muy

estable y fuerte pero es aquí en

donde debemos de tener

cuidado, aquí es donde como

padres somos parte y no para

estar como policías detrás de

nuestros hijos, pero sí desde su

niñez les aconsejamos para bien

estos siempre sabrán cómo

reaccionar y en qué momento

retirarse de un lugar o personas

que desde el principio forman

alertas, ella le decía a este joven

que tenía miedo a perder su

amor y las palabras tienen

poder, el sentía lo mismo, este

joven luchaba sin darse por

vencido y desde el principio

tuvo claro que esta mujer no

esperaba un futuro a su lado,

ya el cansado de la soledad,

pide a Dios la respuesta a su

vida y un día no esperado ella

le dice que desea formar un

futuro con él y juntos luchar de

la mano como Dios manda y

aquí me enfoco en que debemos

como personas de tener cuidado

con las palabras que usamos si

no estamos seguros de

cumplirlas, este joven marcado

por la vida ya no quería volver

a sufrir pero esta mujer se veía

tan enamorada que él se, dejó

seducir, esta se escuchaba

segura de lo que decía y él

quiso creer, el muy alegre abre

su corazón y juntos hablaban

hasta de tener un hijo más, ella

siendo mayor que el encontraba

en este joven lo que su ex esposo

nunca le pudo ofrecer, amor,

respeto, cariño, detalles, pasión

y vida.

Este amor entornaba ser un amor inseparable, ella logro conocer gran parte de la historia de este joven y este joven conoció lo que ella quiso que el conociera, él estaba muy enamorado pero ya era más fuerte, más maduro y tenía claro que no se dejaría caer por nada ni por nadie, humildemente este joven desde su pasado hasta su actualidad era un ejemplo a seguir ya que desde sus comienzos no se rindió, a pesar de aquella experiencia teniendo a la muerte de frente, se levantó y siguió avanzando, para este tiempo ya su mejor amigo JT viajaba alrededor del mundo y tenía a

una familia que le dedicaba de
su tiempo y atención, este joven
entendió que era momento de
volar sin su guía al lado,
pasados los meses este amor era
más fuerte pero los celos de estos
niños eran igual de fuerte que
ese amor, estos manipularon a
su madre hasta que ella decidió
terminar y acabar con todas las
promesas que se habían hecho
pactando su amor, ella ya había

comentado a este joven que era

cuestión de tiempo pero nunca

habían pensado en terminar,

este joven no entendía por qué

aquella   decisión   tan

desesperada y terminar de la

forma más cruel sin verle a los

ojos y decirle que ya no sentía

nada por él, ella decía que era

por sacrificio a sus hijos pero

este no creía porque no lograba

comprender como sacrificaba

parte de su felicidad por cumplir un berrinche de momento, aquí me enfoco que cuando se ama de verdad hay que tener la madurez para no lastimar a una persona que nos entrega su mejor versión y aclaro que ser mujer y ser hombre no nos deben limitar a ser padres a sí como ser padres no nos debe limitar a tener un poco de felicidad, no debemos permitir que nuestros hijos sean

egoístas con nosotros porque la

ley de la vida es que ellos crecen

y se van, usted un día quedara

solo y como hijos muchas veces

nos olvidamos de nuestros

padres, a si ellos se hayan

sacrificado por darnos lo mejor,

ella solo dijo adiós y no se

molestó en dar al menos una

pequeña explicación, este quedo

con su corazón destrozado y

odiando el día en que se permitió amar, no comprendía el porqué de todo esto y no hallaba lógica la excusa de Eryenny, por más dolor que este sintió en su corazón decidió alejarse y aunque cada día dolía su ausencia comprendió que el único amor que no falla es el amor propio, ella seguía su camino como si nada mientras este cada noche se desplomaba en lágrimas pidiendo a Dios

que calmara su dolor, la niña

Angelica una vez por una foto

publicada, envía un mensaje a

este joven que siempre lucho por

hacerla sentir como una

princesa diciendo que las

personas se superan, estás

palabras eran frías y sin

sentimiento envuelta por

egoísmo y manipulación, este

joven siempre guardo respeto y

lo único que respondió es que

hay personas que nos marcan

de por vida, esta es una verdad

hay personas que llegan a

nuestras vidas a marcarnos y

este joven ya había vivido el

significado de esto, personas

como JT, Rafael, sus padres,

Abigail, Shir y Eryenny

habían marcado su vida de

manera única, estimado lector

no podemos permitir dejar que

alguien más decida por nosotros mismos y que nos mate por dentro, no era justo para esta madre sacrificarse a sí y que marcara la vida de este joven que solo buscaba mil maneras de hacerla feliz pese a todas sus limitaciones, no es justo que papá sí pueda estar con la mujer que quiera y mamá no, no es justo y usted como hijo no puede ser tan egoísta porque está condenando

a su madre o a su padre a vivir

algo que usted un día va a

pagar con creces en este mundo

.

Aquel joven quedo con su alma

destrozada pero cada visita a su

hijo tenía que fingir una

sonrisa porque él sabía   que

su hijo es quien merece lo mejor

de él, una relación con muchas

locuras para enamorar a esta

mujer, con muchas formas

lindas de demostrar su sincero

amor que se terminaba de la

noche a la mañana, su amigo

JT no estaba en ese momento y

este trataba de sobrevivir a ese

desierto lleno de espinas solo,

aquel joven llevaba en su

corazón el nombre de esta mujer

y la amaría en silencio por

mucho tiempo a si ya ella encontrara quien borrara sus besos y sus caricias, a si ya ella no pensara más en él y por las noches se desvelara hablando con otro hombre porque ya ella no sentía nada por este joven, pero querido lector quiero que usted valore a esa persona que les entrega la mejor versión de sí mismo, porque hoy en día los hombres solo buscan sexo y se van, usted mi querida lectora si está a su corta edad y su padre nunca le ha aconsejado quiero que al leer esto entienda que hay alguien que paso por muchos desiertos y puede hablarle de lo cruel y lo dura que puede ser la vida, nunca se permita que un hombre, llámese quien se llame pase por encima de su integridad, no se permita que nadie maneje su vida a su antojo porque solo usted tiene el derecho de vivir a como quiera pero de manera sana, el hombre que te proponga sexo no es alguien que te ame, no es alguien que te valore, no es alguien que quiera una vida completa a su lado, el hombre que ama espera, es paciente y te respeta hasta que estés lista a este paso bajo la bendición y voluntad de Dios, hombre ahora le hablo a usted, muchas veces

creemos que la mejor forma de

desquitarnos el despecho que

sentimos es teniendo una y

mil mujeres para provocar celos

en la persona que nos lastimo,

déjame decirte que esto es un

error, nunca perdamos nuestra

esencia, el hombre no es hombre

por tener muchas mujeres o por

tener sexo, el hombre es hombre

porque respeta la persona que

está confiando en usted, es hombre aquel sabiendo que aunque lo lastimen lo mejor es retirarse sin lastimar, la mujer que te ame no pondrá excusas para formar una familia a tu lado, será una mujer idónea y fiel para ti, esta no tendrá ojos para nadie más y juntos construirán su propio imperio, la mujer que te ame no te va a lastimar ni a despreciar, como hombre también necesitas entender el significado del amor y valor propio, este joven se convirtió en padre y cuando por última vez partieron su corazón entendió que nada de esto se comparaba al amor que sentía por su hijo, este entendió que a pesar de cada tropiezo el amor de padre que sentía sería más fuerte que el dolor que llevaba en su corazón y esto no lo doblegaría a caer, su regalo

del cielo se había plasmado en

su vida como su fortaleza y por

amor a su hijo aprendería de

cada paso para poder guiarle,

enseñarle y siempre ser ese

padre que le aconsejara a no

cometer los errores que el

cometió, un joven con

experiencias fuertes, llenas de

adrenalina y una historia que

se necesita contar para ayudar

a otras personas, niño (a),
joven, adulto si usted sueña
algo cúmplalo que el único
legado que podemos heredar a
nuestros hijos es lograr que lo
soñamos, dando ejemplo que las
limitaciones son aquellas que
nosotros permitamos tener en
nuestras vidas, al final de esta
historia hubo una historia de
amor que por egoísmo no se
pudo concretar y una historia

que sanaría cualquier cosa pero

el amor de padre nunca se va a

comparar al amor de una pareja,

querido lector lo bueno es que

esta historia no termina aquí,

este joven prometió a su hijo

escribir un libro dedicado al

amor que siente por él y dando

a conocer que para un padre que

realmente ame a su hijo no

existiría limitación para

demostrar mi amor sincero, este

joven un día dejara de estar en este mundo pero desde donde quiera que este sentirá la satisfacción de a través de este proyecto poder enseñar a su hijo que aunque la vida golpee fuerte nosotros podemos ser más fuertes, este joven supero el desprecio y el abandono de su familia, supero la mala partida que le tenía la vida encontrándolo frente a frente con la muerte, supero que por

errores de ambos adultos le

escondieran a su hijo por tres

años, supero y aprendió a

esperar el tiempo para poder

formar el sueño de una familia

y supero muchas cosas más que

aquí no se redactaron, por eso

hoy le escribo a usted que quizá

vive una depresión, no se deje

ganar, quizá su problema sea

más grande de lo que este joven

vivió pero existe un Dios y este

no tiene favoritos, este está

siempre con el verdadero amor

de padre para abrazarle, este es

un amor sin igual, amor

inagotable, no sé qué sienta su

corazón pero le puedo decir que

él al igual que escucho a este

joven le escuchara a usted,

aunque la vida sea dura y muy

difícil a veces entienda que solo

depende de usted si se levanta o

se queda tirado en el piso, la vida consta de rounds algunos se ganan y otros se pierden pero el ultimo round usted mi querido lector es quien lo debe ganar, los amores de pareja van y vienen, pero si usted es padre y está pasando por un mal momento entienda que su hijo le necesita, que él no tiene culpa de lo que pasa y quiere verle fuerte, triunfar porque esto es lo que usted con su ejemplo le

enseñara, mi querido lector el

amor de padre no viene desde

una perspectiva de ser un padre

perfecto, viene desde entender

que sin importar su edad o

poder económico, raza, o lo que

sea necesitamos a Dios en su

faceta de padre, la última vez

que que este joven quedo

marcado fue para bien porque al

menos esta mujer no le

engañaba en infidelidad y este

le recordó con mucho cariño por

largos años hasta entender que

quien ama no se va y quien

ama siempre estará en el

corazón, con mucha humildad

este joven espera esta hermosa

mujer encontrara la felicidad y

le desea los mejores éxitos de su

vida.

El sabía que no cualquier persona borraría sus detalles y atenciones, no cualquiera borraría sus caricias y su pasión, este joven sabía que marcaba la vida de esta mujer por amor y con amor y esto su alma lo recordaría siempre.

Este joven entendió que el nunca perdió, este joven entendió que en cada proceso las personas que se fueron a él

lo perdieron y el gano, gano

seguridad, coraje, experiencia y

ser el padre que sueña ser, hoy

en día en pleno siglo veintiuno

sabemos que el amor es escaso,

que personas sinceras pocas y

personas que entreguen el

corazón una de un millón,

recuerde que en cada proceso

usted nunca pierde, a usted lo

pierden y usted gana.

Cada palpitar de su corazón es una oportunidad para cumplir con el propósito que Dios tiene para su vida.

A sí lo logra este joven que no se dejó ganar, que muchas veces sin entender el silencio de Dios subía a las montañas con su amigo JT a orar y quizá en ese momento no había una respuesta, pero era la preparación para soportar a esos desiertos largos y cansados, mil aventuras con su amigo, marcado para bien por muchas personas y la mayoría no eran familia.

Querido lector si se pude superar todo lo que nos propongamos en la vida, siempre van a criticar, siempre habrá personas que

señalen para bien o para mal,

usted siga avanzando y

aunque no exista manual para

ser un verdadero padre demos

nuestra mejor versión sin

permitir que nuestros hijos

manipulen nuestra felicidad,

porque ellos son nuestra

herencia y somo padres somos

nosotros quienes debemos

guiarlos a ellos a entender que

aunque la vida golpee se puede

vivir y salir adelante.

Este joven amaba todas las

aventuras que tuvieran

adrenalina, nunca se rindió y

aunque aún no encontró al

amor de su vida sabe que lo que

Dios tiene es muy bueno, lo sabe

porque la vida siempre devuelve

lo que damos y este en su vida

ya había entregado su mejor

versión y cada segundo luchaba por ser un mejor padre y a si seguiría hasta su último suspiro, este joven padre se convertiría en el mentor de su hijo a si como una vez Dios en su camino le presento a su mentor y amigo JT.

Querido lector esta narrativa es una realidad que se marcó con lágrimas, con sangre y con vida, es un proyecto completamente   hecho   con

mucho esfuerzo y amor para

usted y para que lo dedique.

Ya no tenga más temor y pelee

su batalla que si su corazón

palpita es porque Dios le escogió

para ganar al igual que este

joven cuyo nombre es.

Minor G. Villegas H.

ilustración brigada emergencia

Ilustración padre del joven

Esta historia continuara.............

Dedicatoria:

Primeramente, dedico este proyecto a Dios quien me ha permitido cumplir este sueño, a mi hijo quien llego a mi vida plasmándose como mi fuerza y mi inspiración, Mathew Villegas S. lo dedico a la memoria de mis abuelos Rosa María Pérez Gómez y Carlos

Alberto Hernández Hernández

y a mis tíos David, Alejandro y

Rafael Ángel Villegas Ávila, a

Jonathan Tencio C. quien fue

mi mentor, mi guía y mi padre

espiritual por muchos años y

quien   me   ayudo

incondicionalmente, lo dedico a

mis padres pero en especial a mi

padre por el giro de cambio que

le dio a su vida, lo dedico a

aquellos quienes creyeron y no

creyeron en este sueño, lo dedico

a quienes hoy son padres y por

razones injustas no pueden

compartir con sus hijos, lo

dedico a esas mujeres que

fueron abandonadas por sus

parejas y les toco sacar adelante

a sus hijos solas, lo dedico

aquella persona que siente

ansiedad y depresión para que

aquí encuentre una fortaleza a

ganar en su batalla y lo dedico

a todos aquellos que un día me catalogaron de estar loco porque supere mi depresión y mis vivencias, mi realidad lo convertí en el mayor proyecto de toda mi vida y por ultimo lo dedico al amor porque este es el motor que nos ayuda a seguir avanzando pese al dolor que muchas podamos sentir.

Queridos lectores esto esta hecho para usted sin importar su edad, todos en el siglo actual vivimos la pandemia del abandono, pero todo esto se puede superar.

Le invio a ser parte de esta historia de superación y le invito a dedicarlo aquel que se atreve a abandonar sin conocer las marcas que puede dejar en el alma y especialmente en los niños.